金剛經

空으로 보는

空으로 보는 金剛經

초판 발행 2015년 8월 23일
재판 발행 2020년 10월 10일

지은이 | 김준걸
펴낸이 | 기우근
펴낸곳 | k-books
출판등록 | 2000.6.12(제215-92-26359)
주소 | 서울시 송파구 송파동 오금로 188
홈페이지 | www.k-books.kr
전화번호 | (02)423-8411
팩스 | (02)423-8465
PAPER | 무림페이퍼 네오스타미색 100g/㎡
ISBN 979-11-85038-16-2

이 책의 저작권은 지은이에게 있습니다.
내용의 일부를 무단 전재하거나 복제를 금합니다.

국립중앙도서관 출판사도서목록(CIP)

空으로 보는 金剛經

지은이: 김준걸
서울 : k-books, 2015 (신국판)
ISBN 979-11-85038-16-2 03220. 값11,000원
223.53-KDC6 294.382-DDC23 CIP2015022346

金剛經이란?

불교[1]의 대표적 경전 가운데 하나로서 『금강반야바라밀경金剛般若波羅蜜經』 또는 『금강반야경金剛般若經』이라 한다. 이 경經은 세존世尊[2]이 그의 제자 수보리須菩提와 나눈 문답을 空이라는 주제로 엮은 것이다.

흔히 접하는 32개의 분절로 나눠진 『금강경』은 중국 양梁나라 무제의 장자인 소명태자昭明太子가 편집해 놓은 것이다. 전반적으로 분절과 제목이 적절히 조화를 이루고는 있지만, 『금강경』의 주제인 空에 입각해서 볼 때 미진한 점도 심심찮게 눈에 띈다. 특히 분절의 제목이 주제를 벗어나거나 중복되는 것[3]이 많아 대폭적인 수정이 불가피한 점은 아쉬움으로 남는다.

이에 필자는 천학임에도 불구하고 어쩔 수 없이 본 경經의 분절과 제목에 손을 대지 않을 수 없었고, 그럼으로써 구절마다 공화空化되어 불법의 가치가 최대한 드러나도록 했다.

「금강경」의 자의字義에 대한 해석을 보면 다이아몬드처럼 단단한 부처의 지혜를 뜻한다고 풀기도 하고, 금강저金剛杵(vajra)를 예로 들어 마군의 항복을 받는다는 뜻을 취하기도 한다.

그런데 한편으로 '금강金剛'은 중생[4]의 업장[5]을 빗댈 때 쓰는 말이기도 하다. 세존世尊은 도저히 벗겨질 것 같지 않은 두꺼운 업장을 금강석에 빗대서 표현하곤 했다. 사실 중생의 업장만큼 벗기기 어려운 것도 없지 않은가. 그것이 쉬웠다면 세상에 중생 문제는 일찌감치 없었을 테고, 수행의 길도 그렇게 요원하진 않았을 것이다.

그렇다면 세존은 어떤 방법으로 중생들의 업장을 녹여 깨달음으로 이끄는가?

그가 들고나온 것은 有도 아니고 無도 아닌, 제3의 존재 형태인 空[6]이다. 세존은 有에도 無에도 속하지 않는, 그래서 매우 단순하면서도 심오한 空을 실존實存의 모습으로 규정했다. 그리고 有와 無로 가르는 중생의 시각을 네 단계[四相]로 나누고, 이것을 뛰어넘어 공화空化[7]할 것을 주장했다. 중생이 사상四相을 초월해 공화空化하면 부처가 된다는 아주 간단명료한 얘기이다.

이 내용이 지루하리만큼 반복해서 등장하는 것이 『금강경』이다. 그래서 空과 사상四相[8]을 모르면 본 경經을 수만 번 읽더라도 그 뜻을 헤아리기 어렵다.

여기서의 사상四相이란 아상我相·인상人相·중생상衆生相·수자상壽者相을 말한다. 기존의 해석을 보면 주로 '외계의 정보를 미혹되게 바라보는 네 가지 집착심'으로 본다. 하지만 이렇게 되면 『금강경』은 그 순간 매우 모호하고 난해한 가르침으로 돌변한다. 그래서 독자들 사이에는 본 경經이 무슨 말을 하는 것인지 헷갈려서 몇 번 읽다 내려놓은 경험이 있는 분들도 적잖을 것이다.

아상이란 「나 위주로 보는 마음」을, 인상이란 「나와 남을 함께 보는 마음」을, 중생상이란 「깨달은 자와 깨닫지 못하는 자를 나누어 보는 마음」을, 수자상이란 「일체의 만유萬有를 시공時空에 수놓아지는 정보의 다발로 보는 마음」을 각각 뜻한다. 수행이 진전됨에 따라 생겨나는 마음의 경지를 구분한 것으로, 이 네 가지 시각을 줄여서 사상四相이라 한다. 실로 불교 수행의 요체를 담고 있는 것이기에, 이것이 뜻하는 바를 바로 알지 못하면 『금강경』의 절반 이상을 이해할 수 없다고 해도 과언이 아니다.

세존은 일생 동안 중생이 지닌 사상四相을 고苦, 집集, 멸滅, 도道의 과정을 거쳐 공화空化하도록 가르쳤다. 이것이 소위 말하는 불법이다. 하지만 그 역시 여느 중생들과 마찬가지로 육신으로는 영생할 수 없었다. 부모로부터 물려받은 몸뚱이는 때가 되면 자연으로 돌아가는 것이 천리天理이다. 그래서 세존은 육신을 벗어야 했고, 그가 남긴 법륜法輪은 정리되어 후세에 경經이라는 이름으로 남게 되었다.

그 경經들은 제각기 기능을 하고 있다. 중생들로 하여금 반야[9]를 증득케 하고 마음을 안정케 하여 무심無心[10]으로 인도하는 공통된 구조를 지녔지만, 잘 살펴보면 그 나름의 독특한 접근 방식이 있다. 그 중『금강경』은 중생들의 업장을 녹여 해탈[11]의 경지로 이끄는 데에 있어서 탁월하다. 왜 그런가 하면『금강경』은 시종일관 空이라는 처방약을 쓰고 있기 때문이다.

『금강경』의 모든 분절은 예외 없이 주옥같은 진리를 담고 있다. 그럼에도 지금껏 3분의 1에 해당하는 곳만을 사상적으로 높이 쳐 온 것이 사실이다. 허나 그것은 나머지 장이 담고 있는 가치를 제대로 보지 못한 데에 기인한다.

진리[12]란 꼭 조리 있는 말로 해야 드러나고 제구실을 하는 것은 아니다. 경우에 따라선 묵언이나 행동, 사소한 담화로도 더 큰 진리를 전할 수 있다.『금강경』은 바로 후자를 배경에 깔면서 진리를 전개하는 것이 특징이다. 그래서 일언반구도 버릴 것이 없다.

본서는 이런 의미를 되새기며 지금껏『금강경』에서 놓쳤던 가치를 되살리려는 취지에서 엮어졌다. 독자들은 그간 중시되지 않아 그냥 스쳐 지났던 말귀에서도 진주를 발견하고, 그것들이 어떻게 空사상과 어우러져 업장소멸과 반야증득이라는 놀라운 공효를 일궈내는지 목도하게 될 것이다.

이렇게『금강경』의 신역新譯에 대한 취지와 가치를 내비쳤지만 마음 한편으론 걱정이 드는 것도 사실이다. 『금강경』은 피안彼岸의 진리를 담고 있기에 언어로써 완벽히 풀어내기란 수월치 않은 까닭이다. 하지만 空이라는 열쇠가 있기에, 그것을 잘만 사용하면 못 풀어내리라는 법도 없을 것이다.

흔히 空을 말할 때, 바람 같고 이슬 같고 환영 같아 모호하기 짝이 없는 형이상形而上의 그 무엇이라 한다. 하지만 달리 보면 그것만큼 곁에 두고 늘 함께하는 것도 없다. 중생들의 번뇌망상과 일체고액 자체가 空의 범주를 벗어난 적이 없으니 말이다.

『금강경』은 멀고 아득해 보이는 空을 일상사에서 찾는 것은 물론이고, 그것에 입각한 해탈의 논조로써 사정없이 중생의 무명無明[13]을 공략하고 있다. 이런 위대한 불법의 가피를 제대로만 받는다면 空을 깨닫고 피안의 열쇠를 움켜쥐는 자도 나오지 않을까 조심스럽게 기대해 본다.

2015 夏中 檀喬 金俊傑 合掌

分章

제1장

修始下心分

- 수행은 낮은 마음에서 비롯된다 -

如是我聞¹ 一時 佛 在舍衛國² 祇樹³ 給孤獨園⁴ 與大比丘衆 千二百五十人
俱 爾時 世尊 食時 著衣 持鉢 入舍衛大城 乞食 於其城中 次第 乞已 還至本
處 飯食訖⁵ 收依鉢 洗足已 敷座而坐

이와 같이 내가 들었다.

한때 부처님께서 사위국舍衛國 기祇 숲에 있는 급고독원給孤獨園에서 수행승 천이백오십 명과 함께 머무르셨다. 그 당시 세존께서는 식사 때가 되면 으레 가사를 걸친 후 발우를 들고 사위대성舍衛大城에 들어가 걸식을 하셨는데, 그곳에서 차례를 지켜 공양을 받으셨다.

그리고 본처로 돌아오셔서 공양을 남김없이 잡수시고는, 가사와 발우를 거두고 발을 씻으신 뒤 자리를 펴고 좌정하셨다.

註1. 여시아문/如是我聞 : 세존 사후 제자들이 불경을 편집함에, 사견에 의해 불법이 왜곡될 것을 우려하여 그 첫머리에 여시아문(如是我聞)을 두었다. 그래서 불교 경전 첫머리에는 으레 「如是我聞 一時佛在」가 등장한다.

註2. 사위국/舍衛國 : 불타 생존 당시에 갠지스강 유역에 위치한 코살라국의 수도이다. 북인도 교통의 중심에 위치하여 상업이 발달하였고, 성 밖엔 불타가 자주 머물렀다는 기원정사(祇園精舍)가 있다.

註3. 기수/祇樹 : 사위국 바사닉왕(波斯匿王)의 태자인 기타(祇陀)가 세존께 보시한 숲으로, 기타수라고도 한다.

註4. 급고독원/給孤獨園 : 중인도(中印度) 사위성에서 남쪽으로 1마일 지점에 있는 숲으로, 기원정사(祇園精舍)가 있다. 세존이 여러 차례 설법한 유적지이기도 한 이곳은 본래 바사닉왕(波斯匿王)의 태자 기타(祇陀)가 소유한 원림(園林)이었으나, 급고독장자(給孤獨長者)가 그 땅을 사서 세존께 보시했다. 그러자 태자는 수목과 그 주변의 땅을 바쳤고, 이에 두 사람의 이름을 합하여 기타수급고독원(祇陀樹給孤獨園)이라 했다. 줄여서 기수원(祇樹園)·기원(祇園)·급고독원(給孤獨園)이라 한다.

註5. 반사글/飯食訖 : 공양을 남김없이 잡수시다. 訖은 '마치다'라는 뜻으로 쓰일 때는 '글'로 읽는다. 여기서 공양이란 불법승 삼보(三寶)를 공경하고 받드는 마음으로 공물(供物)을 올리는 행위를 말한다. 역으로 세존이나 승려가 그런 공물을 감사히 취하는 것도 더불어 뜻한다.

解義

본 장에서는 세존의 평상시 공양하는 모습을 하루에 걸쳐 무덤덤하게 그리고 있다. 언뜻 보면 대수롭지 않은 일상의 모습이라 여겨질 수 있지만, 그 이면에 담긴 뜻은 태산처럼 높고 바다처럼 깊다.

세존世尊이란 말은 세상에 둘도 없는 존귀尊貴라는 뜻이다. 그렇게 위대하고 특별한 존재인 그가 여느 승려들과 평등하게 공양을 취하는 모습은 실로 놀랍지 않을 수 없다. 특히 걸식을 하고 차례를 지켜 공양을 받는 모습은 세존의 거룩함을 더욱 돋보이게 하는 대목이다.

이 시점에서 한번 우리 스스로에게 반문해 보자.

「나는 여러 면에서 나보다 못하다고 생각되는 사람들과 스스럼없이 어울려 식사를 하거나 즐겁게 대화를 나눌 수 있을까? 여기서 더 나아가 최대한 낮은 위치에 임해 걸식을 하며 수행자의 길을 걸을 수 있을까?」

세상은 사회적 지위에 의해 계층이 나뉘고 사람들은 암묵적으로 그 규범에 따라 생각하고 행동한다. 타인을 만날 때면 부지불식중 서로의 위치를 비교하고 서열을 정하여 그에 맞게 움직인다. 분별에 잔뜩 길들여져 있는 모습, 이것이 소위 중생이라 불리는 일체 대중에게 드리워진 서글픈 자화상이다.

불교는 해탈하여 열반[14]에 이르는 道[15]이다. 그러기 위해서는 일단 마음부터 가볍게 해야 한다. 무거운 마음[16]으로는 결코 영적 성장을 기할 수 없고, 더군다나 일체의 분별을 초월하여 해탈할 수는 더더욱 없기 때문이다.

여기서 무거운 마음이란 무언가에 집착하는 아집我執[17]을 말한다. 아집이란 마치 힉스입자(higgs boson)가 질량을 일으키는 것처럼, 그것의 세기에 비례하여 마음을 무겁게 한다. 중생이 짊어진 고해苦海[18]라는 것도 따지고 보면 아집의 무게 때문이 아니던가.

따라서 이런 짐을 과감히 벗어던질 필요가 있다. 아집을 등에 메고 수행하는 것만큼 어리석은 짓은 없다. 맨몸으로도 정상에 오르기가 버겁고 요원한데 짐을 잔뜩 져서야 쓰겠는가.

세존은 바로 이 점을, 몸소 탁발托鉢[19]을 통해 여지없이 보여주고 있다. 한 나라의 태자였고 이제는 만인이 우러러 받드는 부처가 된 그가, 비렁뱅이처럼 걸식을 하고 그것도 모자라 차례를 지켜 순서대로 공양을 받는 모습은 얼마나 그가 낮아져 있는지 확연히 드러나는 장면이다.

그 낮음은 삼라만상을 다 담고도 남음이 있는 그런 낮음일 것이다. 불교에서는 이런 낮음을 일러 '해인海印'이라 한다. 이것은 바다가 하늘을 있는 그대로 비추는 것처럼, 삼라만상 모든 것을 제 모습 그대로 왜곡 없이 담고 있는 마음을 말한다. 그래서 해인은 더 이상 낮아질 곳이 없어 만물의 바탕을 이룬다. 부처의 마음이 꼭 이와 같다.

세존이 몸소 보여주는 하심下心의 경지, 그것을 잊지 않고 본받으려는 데서 뭇 수행은 시작된다.

제2장

請法發願分

— 법문을 청하는 마음가짐 —

時長老[1]須菩提[2] 在大衆中 卽從座起 偏袒右肩[3]右膝著地 合掌恭敬 而白佛言 希有世尊 如來 善護念[4]諸菩薩 善付囑諸菩薩 世尊 善男子善女人[6] 發阿耨 多羅三藐三菩提心[7] 應云何住 云何降伏其心[8] 佛言 善哉善哉 須菩提 如汝 所說 如來 善護念諸菩薩 善付囑諸菩薩 汝今諦請 當爲汝說 善男子善女人 發阿耨多羅三藐三菩提心 應如是住 如是降伏其心 唯然世尊 願樂欲聞

  그때 장로 수보리가 승려들 사이에 있다가 불현듯 자리에서 일어났다. 오른 어깨가 드러나도록 웃옷을 왼편으로 걸친 채 오른 무릎을 땅에 꿇어 합장 하고는, 공경하는 마음으로 부처님께 아뢰었다.

  "세상에 드물게 출현하신 부처님이시여, 부처님께서는 저희 수행자들을 분 별심에 미혹되지 않고 — 불법을 닦아 깨달음을 이루도록 — 부촉하며 잘 이끌어 주고 계시옵니다. 세존이시여, 구도에 뜻을 둔 사람이라면 으레 무상無上의 깨달음을 발원하게 되나니, 어떻게 하면 그 마음을 청정히 머무르게 하여 번 뇌망상을 없앨 수 있겠나이까?"

  이에 부처님께서 말씀하셨다.

  "훌륭한 질문이로다. 수보리여, 그대가 말한 바와 같이 여래는 제자들이 분 별심에 미혹되지 않고 잘 수행해 나가도록 부촉하며 이끄나니, 그대들은 이제 들을지어다. 마땅히 그대들을 위해 법문을 하리라. 구도자가 무상의 깨달음 을 발원한다면 다음의 법문과 같이 마음을 눅여 다스려 나가야 하느니라."

– 이에 승려들이 다 함께 고하였다.

"받들겠나이다, 부처님이시여. 기쁜 마음으로 가르침을 청하옵나이다."

註1. 장로/長老 : yu mant의 번역어. 불교에서 법랍이 높고 수행이 깊은 승려에 대한 존칭이다.

註2. 수보리/須菩提 : Subhuti의 음역. 세존의 10대 제자 중 한 명으로 해공제일(解空第一)로 알려져 있다. 참고로 십대 제자들에게 붙은 수식어를 보면, 두타제일(頭陀第一) 마하가섭, 지혜제일(智慧第一) 사리불, 신통제일(神通第一) 목건련, 지계제일(持戒第一) 우바리, 설법제일(說法第一) 부루나, 해공제일(解空第一) 수보리, 다문제일(多聞第一) 아난, 밀행제일(蜜行第一) 라후라, 논의제일(論議第一) 가전연, 천안제일(天眼第一) 아나율이 있다. 그런데 깨달음을 논해야 하는 수행판에서 이런 수식어를 붙인 이유는 무얼까?

많이 듣고, 강의 잘하고, 계율 잘 지키고, 토론을 잘하고, 밀행 잘하는… 등등이 깨달음에 직결되는자… 더군다나 외도(外道)로 통하는 신통력까지 등장하고 말이다. 이런 일련의 일들은 석가 사후에 결성된 연합체 형식의 교단을 효과적으로 이끌기 위한 방편이었던 것으로 보인다. 분열을 방지하고 원활한 운영을 위해서는 십대 제자들로 구성된 지도층에 대한 권위가 세워질 필요가 있고, 그에 따라 제자들의 특성에 맞는 수식어가 붙었을 것이다. 물론 그들을 추존하는 자들에 의해 자연스럽게 형성된 것일 수도 있겠지만, 사정이 어떻든 간에 불교의 근본 정신과는 다소 거리가 있다 하겠다.

註3. 편단우견/偏袒右肩 : 가르침을 청하는 고대 인도의 예법. 웃옷의 한쪽 소매를 벗어 오른쪽 어깨를 살며시 드러냄으로써 시중을 자청하겠다는 의사를 표한다.

註4. 선호념/善護念 : 선(善)은 '잘'이라는 부사로 쓰였다. 염(念)은 현재[今] 떠오르는 생각으로, 피아로 나눔으로써 발생하는 상대적 분별심을 말한다. 따라서 호념(護念)이라 하면 '분별심에 미혹되지 않도록 보호하여 이끈다'는 뜻이다.

註5. 부촉/付囑 : 불법을 닦아 깨닫는 일을 부탁하고 맡긴다는 뜻이다.

註6. 선남자선녀인/善男子善女人: 전생의 공로로 불법을 접하게 된 남녀를 가리킨다. 사실상 일생을 살면서 깨달음을 얻을 수 있는 길을 찾은 것만큼 운수 대통한 것도 없을 것이다.

註7. 아뇩다라삼먁삼보리/阿耨多羅三藐三菩提 : 원어 anuttara-samyak-sambodhi의 음역. '더 이상의 위가 없는 깨달음으로 향하는 마음'이란 뜻으로, 쉽게 '무상(無上)의 깨달음'으로 풀이한다. 무상정등정각(無上正等正覺) 또는 무상정등각(無上正等覺)으로도 한역한다.

註8. 항복기심/降伏其心 : 항복의 대상인 기심(其心)은 번뇌망상을 말한다. 불교의 수행이란 분별심을 없애는 데서 시작하는데, 그것이 주로 번뇌망상을 타고 일어나기에 무엇보다 먼저 이것을 제어하는 것이 필요하다.

解義

법문을 청하는 구도자의 올바른 마음 자세를 논하고 있는 장이다. 수보리가 공경을 다하여 법문을 청하고 있는데, 왜 하필 불법을 청함에 이런 요식행위를 해야 할까? 약간의 예의를 갖춰서 물어보고 여기에 대해 허심탄회하게 법문을 들려주면 안 될까?

불법이 형이하形而下의 정보라면 그렇게 해도 충분히 효과가 있을 것이다. 하지만 불법은 형이상形而上의 고차원적 정보이다. 그것도 무상승의 가치를 수반하는 심오한 경지의 그 무엇이다.

그래서 불법은 단지 귀로 듣는다고 해서 의식이 소화할 수 있는 차원의 것이 아니다. 우리가 음식을 먹을 때 침이 듬뿍 고여야지만 음식물의 소화를 촉진하듯, 법문을 듣기 위해서는 그에 따른 만반의 준비가 돼야 한다. 그것이 바로 청법발원請法發願, 즉 법문 듣기를 진심으로 발원하는 마음 자세이다.

이것이 돼야만 법문이 성립된다. 같은 물을 마셔도 뱀은 독을 만들고 소는 우유를 만들듯, 법문이 법문이 되기 위해서는 공경하는 마음 자세가 바탕에 깔려 있어야 한다. 그래야만 부처의 지혜는 언어를 타고 들어와 청법발원하는 수행자의 의식에 젖어들어 그 공효를 발휘하게 된다.

불교에서 불佛·법法·승僧을 삼보三寶라 하여 여기에 대한 귀의歸依를 심법의 근본으로 삼는 것도 같은 이유에서다. 불·법·승에 귀의하는 마음이 없거나 부족하다면, 귀를 아무리 활짝 열어 놓은들 결코 세존의 법문을 들을 수 없다. 지식 축적을 통한 일련의 지혜는 습득할 수 있어도, 그것이 반야로 이어져 깨달음으로 귀결되기엔 역부족이다.

이처럼 법문이란, 그것을 설하는 사람의 도력道力 못지않게 듣는 이의 심법心法도 중요하다. 바로 이 점을 수보리가 몸소 보여 주고 있는 것이다.

본 장은 수보리의 모습을 통해 『금강경』 전체 장을 어떻게 보고 들어야 하는지에 대한 지침을 내려주고 있다.

제3장

滅度正宗分

− 중생 제도의 올바른 뜻 −

佛告須菩提 諸菩薩摩訶薩[1] 應如是降伏其心 所有一切衆生之類 若卵生 若胎生 若濕生 若化生 若有色 若無色[2] 若有想 若無想 若非有想 非無想[3] 我皆令入無餘涅槃[4] 而滅度之 如是滅度無量無數無邊衆生 實無衆生得滅度者 何以故 須菩提 若菩薩[5] 有我相人相衆生相壽者相[6] 卽非菩薩

부처님께서 수보리에게 말씀하셨다.

"모든 불제자들은 마땅히 이와 같이 마음을 다스릴지라. 일체의 중생이 존재하는 양태를 보면, 알이나 태胎에서 생기기도 하고 습한 곳에서 자라거나 특정 조건에 의해 화생化生하니라. 이런 모든 것들은 형상이 있기도 하고 없기도 하며, 생각이 있기도 하고 없기도 하며, 생각이 있는 것도 없는 것도 아니기도 하니라. 내가 이 모든 것들로 하여금 해탈하여 열반에 이르도록 제도하리라.

그런데 이와 같이 무수한 중생들을 내가 제도하지만, 실상을 보면 제도가 되는 중생은 없느니라. 수보리야, 왜 그런 것인지 아느냐? − 삼라만상 모든 것이 부처로만 존재하기 때문이니라. 중생은 저 스스로 미혹되어 중생이라 여기나니, − 만약 깨달았다는 자에게 아상我相·인상人相·중생상衆生相·수자상壽者相의 구분이 남아 있다면 − 이는 분별심이 남아 있는바 − 깨달았다 할 수 없는 것이니라."

註1. 마하살/摩訶薩 : 원어는 Maha-sattva. 마하살타(摩訶薩陀)의 준말로서 보살에 대한 송칭(頌稱)이다. 마하(摩訶)는 '높고 크다'는 뜻인바, 큰 길을 가는 높은 존재가 된다.

註2. 무색/無色 : 여기서의 色은 빛이 부딪쳐 모습을 드러내는 일체의 것, 즉 형상을 말한다.

註3. 비유상비무상/非有想非無想 : 생명으로 진화하기 직전에 있는 원시령(原始靈)을 가리킨다.

註4. 무여열반/無餘涅槃 : 조금의 분별심도 남아 있지 않은 절대의 경지.

註5. 보살/菩薩 : 대각을 이룬 뒤에 부처의 위치에 머무르지 않고 자청하여 중생의 모습을 띠고 상대계에 나투는 진리체를 말한다. 관음, 지장, 문수, 보현, 대세지… 등을 비롯한 숱한 보살들이 여기에 해당한다. 본 경에서는 주로 깨달음을 향해 정진하거나 그 과정에 일각(一覺)을 이루었다고 자처하는 수행자의 의미로 쓰였다.

註6. 유아상인상중생상수자상/有我相人相衆生相壽者相 : 아상이란 「나 위주로 보는 마음」을, 인상이란 「나와 남을 함께 볼 줄 아는 마음」을, 중생상이란 「깨달은 자와 깨닫지 못하는 자를 구분하여 볼 줄 아는 마음」을, 수자상이란 「일체의 만유(萬有)를 시공(時空)에 수놓아지는 정보의 다발로 보는 마음」을 각각 뜻한다. 여기서 수(壽)는 좌표에 점을 찍듯 시공이 교차되며 만들어내는 대상을 말한다. 이 네 가지 시각을 총칭하여 사상(四相)이라 하는데, 수행이 진전됨에 따라 생겨나는 마음의 경지를 구분한 것이다. 기존처럼 '외계의 정보를 미혹되게 바라보는 네 가지 집착심'으로 보면 『금강경』은 더욱 혼미해지고 만다.

解義

　본 장은 중생 제도에 관한 참된 의미를 설하고 있다. 여기서 세존이 설한, 「중생을 제도했는데 제도한 중생이 없다」는 것은 과연 무슨 뜻일까?

　이것은 중생은 본래 중생이 아니라는 사실이 그 배경에 깔려 있다. 원래는 중생이 아닌데도 그 사실을 중생들은 까맣게 모르고 있다는 얘기이다. 그렇기에 이런 사실을 깨닫게 하여 제도해도 본래 제 모습에서 변한 것이 없는바, 결과적으로 제도한 것이 없게 된다. 「부처의 눈에는 부처만 보인다」는 말과 상통하는 대목이다.

　『천부경天符經』에 「일시무시일一始無始一 일종무종일一終無終一」이란 구절이 있다. 하나에서 만물이 비롯됐지만 사실은 비롯됨이 없고, 하나로 만물이 돌아가지만 알고 보면 돌아감이 없다는 뜻이다. 본 장의 「멸도滅度하나 멸도한 중생이 없다」는 구절과 같은 맥락이다.

　중생은 자신이 부처라는 사실을 까맣게 모르고 있다. 이런 사실을 아무리 알려 줘도 속 깊이 이해할 수 없기에 중생이다. 사실 깨달음을 통해 중생이 부처로 변하는 것이 아니다. 부처가 너무 생각[분별]에 집중하다 보니 깜빡 자기 자신을 잊은 것이 중생이고, 그렇기에 깨달아 부처가 된다고 해서 본질적으로 바뀌는 것은 없다. 중생 흉내를 내던 부처가 그것을 멈추고 본래의 청정한 모습을 드러내고 있을 뿐이다.

　세존의 이와 같은 말씀을 근거로 하여 나온 수행으로 무사선無事禪이 있다. 이것은 삼라만상 모든 것이 부처 아닌 것이 없다는 세존의 가르침을 들어, 닦을 것도 깨달을 바도 없다고 한다. 그래서 평삼심으로 자연 그대로 사는 것을 해탈의 경지로 본다.

그런데 무사선처럼 세존의 法을 의심 없이 믿고 실천해 나간다면 그것은 자칫 종교적 오류에 빠질 수도 있다. 자신이 왜 중생이 아닌 부처인지를 온전히 깨닫지 않은 상태에서 부처인 양 살아가는 것은 일종의 신앙이고 방종이 되는 까닭이다.

그렇다면 어떻게 자신이 부처라는 사실을 확인할 수 있을까? 그 점에 대해 세존의 법문은 계속해서 이어진다.

사상四相이란?

깨달음을 단번에 깨칠 수 있다면 四相이란 것은 애초에 필요치 않았을 것이다. 사실 세존과 같은 타고난 성자가 아닌 한 누구나 단계별 접근을 할 수밖에 없다. 계단을 밟듯 차근차근 깨달음을 향해 올라야 하는데, 그 과정이 바로 四相이다. 仙道에서 아홉 단계로 나눈 것에 비하면 단순하면서도 명확하다는 장점이 있다.

그렇다면 수행을 하면서 의식이 성장하는 과정을 차근차근 떠올려 보자. 그것이 과연 四相과 잘 맞아떨어질 것인지…

깨달음에 관심 없이 살아가는 보통 사람들의 의식을 보면 어떨까? 정도의 차이는 있지만 가장 두드러진 특징으로는 '나' 위주로 형성되어 있다는 점이다. 너무나 당연한 말 같지만, 아무튼 수행의 관점에서 보면 가장 낮은 단계의 영성靈性이라 할 수 있다.

'나'는 두말할 것도 없이 인생이란 무대의 주인공이다. 이점은 수행자가 됐다고 해서, 아니 깨달음을 얻었다고 해서 크게 변하는 게 아니다. 문제는 '나' 외의 다른 존재를 바라보는 관점인데, 이 차이에 의해 四相은 명확히 구분된다.

외계의 모든 것을 '나'의 삶을 위한 들러리, 다시 말해 엑스트라(extra) 정도로 본다면 아집이 남달리 센 경우라 하겠다. 이렇게 '나'에 대한 집착이 유달리 강한 일반적 성정性情을 일러 我相이라 한다.

이제 我相을 지닌 자가 時空의 한계를 느끼고 수행이란 것을 시작했다고 치자. 사마타로 분별을 지우고 위빠사나로 분별을 초월하려 할 것이다. 이렇게 되면 '나'에 대한 집착은 그만큼 줄어들게 된다. 이런 상태에서 주변을 보면 그들은 엑스트라(extra)가 아니라 조연급으로 성큼 자라나 있을 것이다. 엑스트라는 없으면 그만이지만 조연은 다르다. 그것이 뒷받침되지 않으면 주연인 '나'의 위치도 퇴색될 수밖에 없다. 그래서 저절로 주변과의 관계에 애정을 쏟게 되고, 쌓였던 벽은

봄눈 녹듯 하여 원활한 관계망이 형성된다. '나'와 '남'을 비슷한 선상에서 바라볼 줄 알게 된 것으로, 이런 정도의 의식 수준을 일러 人相이라 한다. 人相은 글자 그대로 人(남)이 '나'의 심중에 자리 잡게 됐다는 뜻이다.

人相이 되면 그만큼 의식의 時空이 넓어진 것이다. 여기서 더 수행에 정진하면 '나'와 '남'으로 견주는 것을 넘어 물아일체의 경계까지 들어간다. 이때 空에 대한 이해가 부쩍 깊어지면서 '나'와 '남'이 본질적으로 둘이 아니라는 관념이 생겨난다. 이렇게 의식이 더욱 커지고 나면, 좁은 時空에서 바쁘게 살아가는 '남'들의 삶이 우매하거나 측은하게 다가온다. '나'가 깨달음에 성큼 다가서다 보니 '남'이 지닌 중생성이 더욱 두드러지는 것이다. 이때부터 '깨달은 자'와 '깨닫지 못한 자'로 나누어 보는 관념이 싹트고, 그래서 이런 경지를 일러 衆生相이라 한다. 영화에 비유하자면, 주인공이니 조연이니 하는 겉치레에 둔감해지고 오로지 작품[창조성]과 연기[가치와 보람]만을 바라보게 된 것이다.

衆生相에서 더욱 수행에 정진하면 삼라만상 모든 것이 空 아닌 것이 없게 된다. 이렇게 되면 '나'를 포함하여 모든 것은 그저 時空이란 무대에서 空이 有力과 無力을 번갈아 일으키며 정보 놀음을 펼치는 것으로 여겨진다. 오감으로 들어오는 모든 것들을 정보의 이합집산으로 보게 되는데, 이런 경지를 일러 壽者相이라 한다.

壽란 생명을 지닌 존재에게 부여된 시간을 말하며, 그 속엔 공간이란 개념도 더불어 포함된다. 그래서 壽者相에 이르면 時空에 놓여진 정보에 보다 주목하게 되고, 자연히 주연, 조연, 작품, 평가… 같은 개념들이 사라지고 오로지 시나리오라는 정보만 횅하니 남아 있게 된다. 정보만 남아 時空을 가득 메우는 상태, 바꿔 말해 空으로만 보고 듣고 해석하는 의식 상태가 된 것이다.

我相·人相·衆生相·壽者相은 이처럼 수행의 진전에 따른 의식의 성장 과정을 구분한 것이다. 깨달음을 얻기 전까지 중생이 거쳐야 할 필수 단계이며, 그렇기에 수행자라면 필히 四相에 대한 올바른 이해가 선행되어야 한다.

제4장

布施無住分

– 머무름 없는 보시를 하라 –

復次 須菩提 菩薩於法 應無所住 行於布施[1] 所謂不住色布施 不住聲香味 觸
法[2]布施 須菩提 菩薩 應如是布施 不住於相[3] 何以故 若菩薩 不住相布施 其
福德[4] 不可思量 須菩提 於意云何 東方虛空 可思量不 不也 世尊 須菩提 南
西北方 四維 上下虛空 可思量不 不也 世尊 須菩提 菩薩 無住相布施 福德
亦復如是 不可思量 須菩提 菩薩 但應如所教住

"그리고 수보리야, 수행자는 마땅히 法에도 머무름이 없이 보시해야 하나
니, 이른바 겉보기(色)나 소리, 냄새, 맛, 촉감, 사념 따위에 집착해서야 쓰겠느
냐. 수보리야, 수행자는 마땅히 이처럼 분별에 초월하여 보시해야 하느니라.
왜 그런 것인가? 수행자가 분별에 구애받지 않고 보시해야 깨달음에 도움
이 되기 때문이니라.

수보리야, 네 생각은 어떠한가? 동쪽의 허공을 헤아릴 수 있겠느냐?"

"못하옵나이다. 세존이시여"

"수보리야, 그렇다면 남쪽, 서쪽, 북쪽과 그 사이의 간방間方, 그리고 위와
아래의 허공을 헤아릴 수 있겠느냐?"

"못하옵나이다. 세존이시여."

"수보리야, – 머무름이 없는 것은 허공과 같아 – 수행자가 어디에도 집착함이
없이 보시한다면 그 공효가 허공처럼 가늠할 수 없는 것이니라.

수보리야, 수행자는 마땅히 이 가르침에 따라 – 일체의 집착이 없는 허공에 – 머물러야 하느니라."

註1. 보시/布施 : 육바라밀(六波羅蜜)의 하나로서, 외계와의 공명에서 나오는 물아일체의 현상이다. 참고로 육바라밀은 보시(布施), 지계(持戒), 인욕(忍辱), 정진(精進), 선정(禪定), 지혜(智慧)의 여섯 가지 수행 덕목을 말하는데, 모두 지켜야 깨달음을 얻을 수 있는 것은 아니다. 육바라밀을 존중하되 자신에게 가장 맞는 것에 보다 집중하는 것이 필요하다.

註2. 색성향미촉법/色聲香味觸法 : 눈(眼)·귀(耳)·코(鼻)·혀(舌)·몸(身)·뜻(意)을 육근(六根)이라 하는데, 이는 외계의 정보가 들어와 뒤섞이는 현상을 말한다. 이곳 육근을 통해 色(모양)·聲(소리)·香(냄새)·味(맛)·觸(느낌)이 들어와 한데 섞이며 法(사념)이 일어나고, 이것이 쌓여 자아가 형성된다. 결과적으로 육근의 작용에 의해 분별이 싹트고 중생이 되므로, 이를 달리 육진(六塵)이라고도 한다. 참고로 색성향미촉법에서의 法(사념)을 확대해서 자세히 풀어 놓은 것이 색수상행식의 오온(五蘊)이다. 색(色)이란 형상을 지닌 모든 것. 수(受)란 그것들이 정보를 받는 것. 상(想)이란 정보에 대해 반응하는 것. 행(行)이란 반응이 형상의 변화로 이어지는 것. 식(識)이란 이런 일련의 변화에 대한 정보가 쌓이고 그것들이 또 다른 정보를 만들어 내는 것을 각각 뜻한다.

註3. 상/相 : 분별을 이루는, 형상을 지닌 모든 것. 有의 다른 표현.

註4. 기복덕/其福德 : 여기서의 복덕이란 깨달음에 도움이 되는 일체의 것을 말한다.

解義

세존은 본 장에서 보시布施를 예로 들어 머무름 없는 마음의 경지를 설하고 있다. 보시란 쉽게 말해 베푸는 것이다. 그런데 베푸는 바가 불교에서는 그 자체로 수행이 된다. 왜 보시가 수행이 되는가?

보시가 없다는 것은 그만큼 외계와 단절되어 있음을 의미한다. 의식의 시공時空이 좁고 영력이 낮을 가능성이 그만큼 큰 것이다. 이것이 불교에서 보시를 수행으로 삼는 이유 가운데 하나이다.

그런데 문제는 보시를 할 때이다. 보시란 본래 외계와 순수하게 공명共鳴이 되면서 저절로 우러나와야 한다. 그래서 보시를 의식하면서 행하게 되면 이것은 청정한 마음의 발로라고 보기 어렵다. 이런 의미에서 머무름이 있으면서 하는 보시는 진정한 보시가 아니게 된다.

사실 무언가를 남에게 베풀 때처럼 자신을 의식하는 경우도 많지 않다. 가령 사회에 어떤 공헌을 했을 때, 여기서 파생되는 명예를 의식하지 않기란 결코 쉽지 않은 일이다. 하지만 이렇게 되면 공덕은 있을지 몰라도 불교에서 말하는 수행의 의미는 퇴색하고 만다.

머무름 없는 보시를 평상의 삶으로 삼게 되면 이름하여 보살도菩薩道가 된다. 보살이 펴는 대자대비大慈大悲를 묵묵히 실천해 나가다 보면 그 마음이 태산처럼 높고 바다처럼 깊게 될 것이다. 시공時空이 보살처럼 확대될 테고, 그렇기에 수행의 경지 또한 한껏 무르익을 것이다.

하지만 보살도에서 한 가지 빠트려서는 안 될 것이 있으니 바로 반야般若이다. 지혜를 수반하지 않는 보살도는 대각大覺의 고지를 몇 보 남겨 두고 정체되기 십상이기 때문이다. 수행이 일정 수준 이상으로 깊어졌을 때는 화룡점정畵龍點睛의 마침표가 필요하며, 어떤 경우가 됐든지 그 일은 반야로써 매듭을 져야만 한다.

　요컨대 보시에 관계된 모든 분별[20]로부터 자유롭게 돼야지만 불교에서 말하는 보시가 성립된다. 머무름 없는 보시를 행할 정도의 의식 수준이라면 가히 일정 경지에 올랐다 할 것이다.

제5장

諸相非相分

– 일체의 相은 相이 아니다 –

須菩提 於意云何 可以身相[1] 見如來不 不也 世尊 不可以身相 得見如來 何以
故 如來所說身相 卽非身相 佛告須菩提 凡所有相 皆是虛妄 若見 諸相非相[2]
卽見如來

"수보리야, 네 생각은 어떠한가? 나의 몸을 보고 여래如來를 봤다고 할 수
있겠는가?"

"그렇지 않나이다. 부처님이시여. 부처님의 몸을 보고 여래를 봤다고 할 수
없나이다. 왜 그런가 하면, 부처님께서 몸이라고 하신 것은 사실은 몸이 아니
기 때문이옵니다."

이에 부처님께서 수보리에게 말씀하셨다.

"무릇 형상 있는 모든 것이 다 허망한 것이로다. 만일 有란 것이 有가 아님
을 안다면 여래를 보게 되리라."

註1. 신상/身相 : 부처가 지니고 있는 형상으로서의 몸. 눈에 보이는 몸뚱이를 가리킨다.

註2. 제상비상/諸相非相 : 상(相)이란 형상을 지닌 모든 것을 말한다. 눈에 보이는 것과 그 렇지 않은 형이상(形而上)의 모든 것을 포괄하는바, 간명히 有로 보면 된다. 기이하게도 有 가 有가 아님을 바로 알게 되면 실존이 보이게 된다.

解義

　본 장은 법상法相에 대해 설법하고 있다. 상相이란 눈에 보이든 보이지 않든 형태를 지니고 있는 모든 것을 말한다. 쉽게 有로 정의할 수 있는데, 그 가운데 부처를 이루고 있는 상相이 곧 법상이다.

　그렇다면 법상을 보면 실존이 보이는가?

　수보리의 말마따나 그렇지가 않다. 부처의 몸을 아무리 본들 실존을 볼 수 없다. 그것은 부처의 몸이라 한들 相(有)인 것에는 변함이 없기 때문이다.

　그렇다면 실존을 보기 위해서는 어떻게 해야 하는가?

　相이 相이 아님을 바로 알아야 한다. 이 이치를 터득하면 실존을 볼 수 있는 눈이 생긴다. 이것이 바로 제상비상諸相非相 즉견여래卽見如來이다.

　相이 相이 아님을 안다는 것이 무엇일까?

　이것은 달리 有가 有가 아니라는 말인데, 도대체 有가 有가 아니면 뭐라는 말인가?

　불교에서는 그 답으로 空을 제시한다. 空이란 有도 아니고 그렇다고 無도 아닌, 비유비무非有非無한 제3의 존재 형태이다.

　空이 有에도 속하지 않고 無에도 속하지 않는다면, 그런 것이 과연 존재할 수 있겠느냐고 의문을 품을 수 있다.

　그렇다면 어떤 것이 참된 존재인지 한번 궁구해 보자. 존재에는 세 가지 경우수가 있을 것이다. 有와 無, 그리고 空이다. 이 가운데 실존實存이 무엇일까?

　깨달은 세존의 눈엔 有란 것은 애초부터 존재하지 않았고 앞으로도 영원히 존재할 수 없다. 無 역시 마찬가지이다.

有와 無가 존재하는 것으로 여겨지면 그 어떤 정신적 경지를 거론해도 중생이다. 수행을 천년만년 지속하고 이치와 반야에 막힘이 없어도 중생이다.

왜냐, 중생과 부처의 구분은 有·無로 보느냐 空으로 보느냐에 따라 확연히 갈라지기 때문이다.

수행?

그리 복잡하게 할 필요가 없다. 有와 無와 空만을 가지고 화두로 삼고, 이 셋의 묘리를 깨닫는 과정에 묵조선이나 사마타, 위빠사나, 간화선… 등의 수행을 보조적으로 취해 쓰면 된다.

묵조선을 통해 마음의 평화를 얻었어도, 사마타를 통해 일체의 분별에 장막을 드리웠어도, 위빠사나를 통해 외계와의 순수공명을 이루었어도, 간화선을 통해 이치에 막힘이 없어도 실존에 대한 온전한 깨달음이 없으면 중생일 뿐이다.

깨달음, 그것은 삼라만상 모든 것이 존재하는 참된 모습을 통찰하여 그 답을 얻는 데에 있다. 그렇기에 有·無·空의 세 주사위를 던지며 반야를 증득하는 것보다 더 단순하고 확실하고 빠른 길은 없다.

제6장

佛法非法分

– 불법은 法이 아니다 –

須菩提 白佛言 世尊 頗有[1]衆生 得聞如是言說章句 生實信不 佛告須菩提 莫
作是說 如來滅後 後五百歲[2] 有持戒修福者 於此章句 能生信心 以此爲實[3] 當
知是人 不於一佛二佛三四五佛 而種善根 已於無量千萬佛所種諸善根 聞是
章句 乃至一念 生淨信者 須菩提 如來 悉知悉見是諸衆生 得如是 無量福德
[4] 何以故 是諸衆生 無復我相人相衆生相壽者相 無法相 亦無 非法相 何以故
是諸衆生 若心取相 即爲着我人衆生壽者 若取法相[5]即 着[6]我人衆生壽者 何
以故 若取非法相 即着我人衆生壽者 是故 不應取法 不應取非法 以是義故
如來常說 汝等比丘 知我說法 如筏喩者 法尙應捨 何況非法

수보리가 부처님께 여쭈어 말하였다.
"세존이시여, 중생들이 이와 같은 부처님의 말씀이나 경전의 글귀를 듣고
깨달음에 대한 확고한 믿음을 가질 수 있겠습니까?"
부처님께서 다음과 같이 말씀하셨다.
"그런 의심을 내지 말지라. 여래가 입멸하고 2천5백 년 후의 시대에 이르러
서도 계율을 지키고 복덕을 쌓는 사람이라면 능히 이 글귀(금강경)를 보고 믿
음을 내어, 가히 정법이라 여기게 되리라.
마땅히 알찌니, 그런 사람들은 첫 번째, 두 번째, 세 번째, 네 번째, 다섯 번째
부처님이 사시는 동안에 심은 선근善根의 결과이며, 나아가 이미 한량없는 천
만 부처님들이 심은 선근 덕분이니라.

이런 까닭에 이 경전의 글귀를 듣고 한 생각을 일으켜 참된 마음으로 믿게 되는 것이니라.

 수보리야, 여래는 훤히 알고 훤히 보나니, 이 가르침을 따르는 모든 중생들은 무량한 복덕을 누리게 될 것이니라.

 왜 그런가 하면, 바로 — 『금강경』의 가르침을 통해 — 이 모든 중생들이 아상·인상·중생상·수자상에 집착함이 없고, 법상法相이나 비법상非法相에도 얽매임이 없게 될 것이기 때문이니라.

 왜 그런가 하면, 이 모든 중생들이 마음으로 상相을 취하면 이는 곧 아상·인상·중생상·수자상에 집착하는 것이 되며, 그렇다고 법상法相을 취한다 해도 역시 아상·인상·중생상·수자상에 집착하는 것이 되기 때문이니라.

 이런 까닭에 마땅히 法을 취하지 말지며, 또한 法이 아닌 것도 취하지 말아야 하는 것이니라.

 그래서 여래는 늘 너희 비구들에게 「나의 설법을 뗏목처럼 여기라」고 이르나니, 불법도 이와 같이 마땅히 버려야 하거늘 하물며 불법이 아닌 것이야 말해 무엇하겠느냐!"

註1. 파유/頗有 : 파(頗)는 바르지 못하다는 부정(不正)의 뜻이다. 그래서 파유라 하면 '부족함이 있다'는 뜻이 된다.

註2. 후오백세/後五百歲 : 오백세란 세존의 입멸 후에 펼쳐질 불법의 시기를 5백 년씩 다섯 차례로 나눈 것이다. 따라서 후오백세라 하면 2500년 이후의 시기가 된다.

註3. 위실/爲實 : 참되게 여긴다는 것은 이 경전이 정법임을 믿게 된다는 뜻이다.

註4. 무량복덕/無量福德 : 한량없이 큰 복덕이란 '깨달음'을 말한다.

註5. 법상/法相 : 존재의 참된 모습으로, 공(空)을 말한다. 空이 인격화된 존재, 즉 부처를 가리키기도 하고, 어떤 때는 '깨달음에 대한 집착'을 뜻하기도 한다.

註6. 즉착/卽著 : 여기서의 '著'은 '붙일 착'자이다.

解義

본 장은 일체의 분별을 초월함에 있어서 불법 또한 예외가 아님을 가르치고 있다. 그래서 불법비법분佛法非法分이 된다. 먼저 후대 사람들이 접하게 될『금강경』의 가치에 대해 언급한 후, 결국에는 그것마저 초월해야 한다는 점을 붓다는 설파하고 있다.

선근善根이란 좋은 과보를 얻게 하는 좋은 인咽을 말한다. 수많은 부처님들의 공덕으로 말미암아 비구들이『금강경』을 접하고 진실한 마음을 내어 수행을 온전히 하게 된다. 그렇기에 여기서 생겨나는 복덕이란 곧 수행을 통한 반야의 증득을 말한다. 행여『금강경』을 통해 어떤 부귀영화를 원한다면 주소를 잘못 찾은 것이 된다.

『금강경』은 아상我相을 넘어 인상人相에 이를 것을 가르친다. 그리고 인상을 넘어 중생상衆生相에 이를 것을 가르친다. 또한 중생상을 넘어 수자상壽者相

에 이를 것을 가르친다. 마지막으로 아상·인상·중생상·수자상 모두를 초월할 것을 가르친다.

이렇게 사상四相을 모두 초월하면 아상·인상·중생상·수자상이 없어진다. 그러면서 동시에 아상·인상·중생상·수자상이 있게 된다. 사상에 걸림이 없기에 있기도 하고 없기도 하는 것이다. 『금강경』의 가르침에 따라 일체의 상相에 자유로워지고 나아가 법상法相마저 뛰어넘으면, 결국 아상·인상·중생상·수자상에 무애無碍하게 된다.

이런 상태를 일러 일체 걸림이 없다 하여 사사무애事事無碍라 한다. 바로 사사무애의 자리에 세존을 비롯한 여래들이 거한다. 그래서 불법을 배우되 종국엔 불법을 버리라고 말하는 것이다.

그런데 버리는 경지에 이르려면 제대로 다 배우지 않으면 안 된다. 궁극의 앎인 반야, 즉 전지全知[21]에 이르지 않고서는 버리려 해도 버려지지 않기 때문이다. 실존을 모르면 마음이 열반에 머무른다 해도 그것은 한낱 신기루이고 헛깨비일 따름이다. 깨달으려는 이유가 여기에 있다. 깨달아야만 비로소 버려지고 일체의 걸림이 없는 사사무애의 피안에 이를 수 있다.

제7장

無爲現差分

— 걸림이 없이 분별을 드러내다 —

須菩提 於意云何 如來得阿耨多羅三藐三菩提[1]耶 如來有所說法耶 須菩提言
如我解佛所說義 無有定法 名阿耨多羅三藐三菩提 亦無有定法 如來可說 何
以故 如來所說法 皆不可取 不可說 非法 非非法 所以者何 一切賢聖皆以無
爲法[2] 而有差別[3]

"수보리야 네 생각은 어떠한가? 여래가 무상의 깨달음을 얻었다고 생각하
느냐? 그리고 여래가 설법한 바가 있다고 여기느냐?"
이에 수보리가 다음과 같이 대답하였다.
"제가 부처님께서 설법하신 뜻을 헤아려 보건대, 딱히 아뇩다라삼먁삼보리
라고 이름 붙일 만한 것이 없사옵니다. 게다가 부처님께서 설하신 法 역시 이
렇다 할 만한 것이 없사옵니다. 왜 그런가 하면, 부처님께서 설하신 法이란
것은 사실상 취할 수가 없고 말할 수가 없으며, 그래서 法이 아니고 그렇다
고 法이 아닌 것도 아니기 때문이옵니다. 왜 그런가 하면, 일체의 성현들께서
는 무위無爲의 法으로써 분별分別을 나타내기 때문이옵니다."

註1. 아뇩다라삼먁삼보리/阿耨多羅三藐三菩提 : 조선 초기에 간행된 『금강경오가해金剛經五家解』에서 육조 혜능은 다음과 같이 풀이하고 있다.

「아(阿)는 무(無)를, 뇩다라(耨多羅)는 상(上)을, 삼(三)은 정(正)을, 먁(藐)은 변(遍)을, 보리(菩提)는 지(智)를 각각 말한다.」 한마디로 무상정등각(無上正等覺)이라는 의미이다. 더 이상의 반야가 없는 최고의 깨달음이며, 간략히 줄여 대각(大覺)이라 한다. (p18. 註7 참조)

註2. 무위법/無爲法 : 그 어떤 것에도 걸림이 없는 법으로, 분별을 수반하지 않는 해탈의 법을 말한다.

註3. 차별/差別 : 마음에 머무름이 있어 발생하는 분별의 구분. 참고로 분별이란, '피아로 나누면서 발생하는 상대적 관념'을 말한다.

解義

 본 장의 주제는 이무위법以無爲法 이유차별而有差別이다. 11장에 나오는 『금강경』의 공통 주제인 응무소주應無所住 이생기심而生其心과 같은 맥락의 가르침이다.

 無爲의 法이란 어떤 목적이나 계획, 분별이 섞이지 않은 가르침을 말한다. 그래서 이것은 부처의 가르침, 불법佛法이 된다.

 왜 불법은 無爲의 法이어야 하는가?

 깨달은 사람의 눈에는 제도해야 할 중생이 보이지 않는다. 그래서 이끌어 완성할 것도 없고 그냥 내버려 둘 것도 없다. 삼라만상의 있는 그대로의 모습 자체가 실존實存인 까닭이다.

 따라서 부처는 無爲에서 法을 설한다. 無爲라는 본처에서 法이라는 분별을 펴는 것이다. 이런 이유로 부처는 성聖으로도 보이고 속俗으로도 보인다. 어떤 때는 고고한 학처럼 거룩하면서도 어떤 때는 흔하디흔한 참새처럼 범속에 지나지 않는다. 부처는 법法과 속俗 모든 것에 걸림이 없기 때문이며, 그래서 실존과 허상, 절대와 상대, 통합과 분별…등의 모든 속성을 함께 지니고 있다.

 이런 부처의 경지를 『화엄경』에서는 사사무애事事無碍로 표현하는데, 어떻게 이런 일이 가능할까?

 바로 그 해답이 이무위법以無爲法 이유차별而有差別이다. 無爲의 法으로써 분별을 드러내기 때문이다. 가히 응무소주應無所住 이생기심而生其心의 경지이다. 부처는 분별을 초월하여 절대에만 머무르는 것이 아니다. 만일 그렇다면 절대라는 또 다른 분별에 갇힌 꼴이 된다. 그렇기에 부처의 位는 분별과 절대를 한꺼번에 초월하여 분별과 절대에 함께 머물러야 한다. 그래서 法이면서 非法이고, 法도 아니고 非法도 아니게 된다. 이쯤 되어야 가히 해탈이라 말할 수 있는 것이다.

제8장

無所傳法分

- 전할 바의 法은 없다 -

須菩提 於意云何 若人 滿三千大千世界[1]七寶[2] 以用布施 是人 所得福德 寧
爲多不 須菩提言 甚多 世尊 何以故 是福德 卽非福德性[3] 是故 如來說 福德
多 若復有人 於此經中 受持乃至四句偈[4]等 爲他人說 其福 勝彼 何以故 須菩
提 一切諸佛 及諸佛 阿耨多羅三藐三菩提法 皆從此經出 須菩提 所謂佛法
者 卽非佛法

"수보리야, 네 생각은 어떠한가? 만약 어떤 사람이 온 세상을 가득 채울 만
한 칠보七寶로써 보시하면 이 사람이 얻을 복덕이 많지 않겠느냐?"

수보리가 대답하였다.

"심히 많겠나이다. 세존이시여. 왜냐하면 이러한 물질적 복덕은 깨달음에 직
결되는 복덕은 아니지만 - 아상我相을 녹여주는 연유로 - 여래께서 복덕이 많
다고 하셨나이다."

다시 부처님께서 말씀하셨다.

"만약 또 어떤 사람이 『금강경』의 어느 한 구절을 지니거나, 더 나아가 몇 구
절을 다른 사람을 위해 일러 준다면 그 복덕이 칠보로써 보시한 것에 비하겠
느냐. 왜냐하면 모든 부처님의 깨달음과 법문이 이 경전[空사상]으로부터 나
오기 때문이나니, 수보리야, 이른바 불법이라는 것은 불법이 아니니라. - 그렇
듯 이 경전 또한 그러하니라."

註1. 삼천대천세계/三千大千世界 : 광대무변한 우주를 가리키는 불교식 표현이다. 삼천
(三千)이 상징하는 의미에 대해서는 여러 설이 있지만, 이것은 우리 우주에서 생명이 발아할
가능성이 있는 행성의 전체 수를 나타내고 있다.

註2. 칠보/七寶 : 금·은·유리·파리(坡梨)·거거(車渠)·적주(赤珠)·마노(瑪瑙)의 일곱 보배.

註3. 복덕성/福德性 : 복덕의 참된 성품이나 그 본질. 사회에서의 복덕이란 물질적 정신적 혜
택이 될 것이나, 불교에서의 복덕은 오로지 깨달음에 득이 되는 일련의 도움을 말한다.

註4. 사구게/四句偈 : 깨달음에 도움을 주기 위해 경전에 나오는 몇 가지 구절을 적절히 추
슬러 모아 놓은 경문. gatha는 본래 부처님의 공덕이나 교리를 찬미하는 노래나 글귀로서,
이것이 네 구로 되어 있을 경우 사구게라고 한다. 달리 사구문(四句門), 사구분별(四句分
別)이라고도 한다.

解義

왜 보시는 깨달음으로 이어질 때 그 가치를 발하게 되는가?

불교가 탄생한 이유는 피조물[22]의 한계를 극복하여 영생과 열반을 이루기 위해서다. 이것은 현실의 가치를 무시하는 것이 아니라, 오히려 그것을 극대화하기 위해 더 높은 차원의 정보를 습득하는 것을 의미한다.

불교에서 보는 가치의 기준은 중생들의 영적 성숙도이다. 이것을 잣대로 불교의 이상인 깨달음에 얼마나 근접했는지를 헤아려 평가하게 된다. 그래서 어떤 사람이 세상을 가득 채울 만한 칠보로써 보시하더라도 그것이 개개인의 영성靈性에 별다른 도움을 주지 못한다면 의미를 크게 두지 않는다. 반면에 어떤 사람이 경전의 몇 구절을 주변 사람들에게 읽어줌으로써 영성에 조금이라도 변화를 준다면, 불교는 그 가치에 보다 주목하게 되는 것이다.

불교는 생로병사에서 오는 시공時空의 한계를 직시하고, 영성을 증진하여 깨달음을 얻어 부처가 되려는 법이다. 이런 관점에서 보기 때문에 재물로써 하는 보시보다 법으로써 하는 보시를 더 높이 치게 된다. 그래서 전법傳法의 가치가 무엇보다 우선시된다.

그런데 기이하게도 깨달음의 상태에서 보게 되면 특정지을 만한 불법 자체가 존재하지 않아 전할 바의 法이란 것이 없게 된다. 그래서 전법傳法을 강조하는 동시에 전할 바의 法이 없다는 세존의 이중적 가르침이 등장하게 된다.

그럼 도대체 세존은 우리더러 法을 전하라는 건지, 아니면 전하지 말라는 건지 그 의도가 무엇이란 말인가?

불법이란 오만 가지 분별에서 벗어나 일체의 걸림이 없는 경지를 논하고 있다. 그런데 法을 전하다 보면 부지불식중 이런저런 수식어를 붙여 法의 분별성을 가중하기 쉽다. 일체의 분별을 걷어 낸 자리에 法이라는 또 다른 분별덩어리가 생겨나는 것이다. 이렇게 되면 겉모습만 法이지 내용물은 法과 상이하게 된다. 法이라는 그럴듯한 포장지를 두르고 있는 분별, 그 이상도 그 이하도 아닌 것이다.

그래서 세존은 시종일관 法을 강조하면서도 그것이 분별에 의해 왜곡될 것을 우려하여 非法을 빼놓지 않고 거론한다. 불법이 불법이 아니어야만 불법이 되는 이치, 바로 불법에 대한 분별심마저 초월하여 法을 전하라는 무소전법無所傳法의 가르침이다.

이렇게 말하면 불법이 꽤 복잡해 보인다. 하지만 자세히 관찰해 보면 그 구조는 매우 단순명료하다. 자신이 실존이라는 사실 하나만 자각하면 부처가 이룬 경지를 공유할 수 있기 때문이다. 다시 말해 실존이 왜 성립되는지에 대한 온전한 각성을 통해 「나 = 佛」의 등식을 완성하면 된다. 이 등식 하나를 이루기 위해 불교는 존재한다.

3대 성질	기타 성질
자존성(自存性)	절대성(絶對性)
영원성(永遠性)	통일성(統一性)
불변성(不變性)	창조성(創造性)

− 실존實存 −

제9장

修果無相分

– 수행하여 얻은 경지가 없다 –

須菩提 於意云何 須陀洹[1] 能作是念 我得須陀洹果不 須菩提言 不也 世尊 何
以故 須陀洹 名爲入流 而無所入 不入[2]色聲香味觸法 是名須陀洹 須菩提 於意
云何 斯陀含[3] 能作是念 我得斯陀含果不 須菩提言 不也 世尊 何以故 斯陀含
名一往來 而實無往來 是名斯陀含 須菩提 於意云何 阿那含[4] 能作是念 我得
阿那含果不 須菩提言 不也 世尊 何以故 阿那含 名爲不來 而實無不來 是故
名阿那含 須菩提 於意云何 阿羅漢[5]能作是念 我得阿羅漢道不 須菩提言 不也
世尊 何以故 實無有法 名阿羅漢 世尊 若阿羅漢作是念 我得阿羅漢道 卽爲着
我人衆生壽者 世尊 佛說我得無諍三昧[6] 人中最爲第一 是第一離欲 阿羅漢 世
尊 我不作是念 我是離欲阿羅漢 世尊 我若作是念我得阿羅漢道世尊 卽不說
須菩提 是樂阿蘭那行[7]者 以須菩提 實無所行 而名須菩提 是樂 阿蘭那行

"수보리야, 네 생각은 어떠한가? 수다원의 경지에 오른 사람이 저 스스로
'나는 수다원을 이루었다'고 생각하겠느냐?"
수보리가 대답하였다.
"그렇지 않나이다. 세존이시여. 수다원이란 – 세류(世流)에서 벗어나 – 道에 갓
입문한 경지라고들 하는데, – 그 실상을 보면 – 입문한 바에 신경 씀이 없고
색성향미촉법에도 흔들리지 않기에 수다함이라고 이름하는 것이옵니다."
"수보리야, 네 생각은 어떠한가? 사다함의 경지에 오른 사람이 저 스스로
'나는 사다함을 이루었다'고 생각하겠느냐?"
수보리가 대답하였다.

"그렇지 않나이다. 세존이시여. 사다함은 한 번만 윤회하면 깨달음을 얻을 수 있는 경지라고들 하지만, 실상은 그런 윤회에 구애됨이 없기에 사다함이라고 이름하는 것이옵니다."

"수보리야, 네 생각은 어떠한가? 아나함의 경지에 오른 사람이 저 스스로 '나는 아나함을 이루었다'고 생각하겠느냐?"

"그렇지 않나이다. 세존이시여. 아나함을 일컬어 윤회를 끊은 경지라고 하지만, 실상은 그런 것에 집착함이 없기에 아나함이라고 하는 것이옵니다."

"수보리야, 네 생각은 어떠한가? 아라한의 경지에 오른 사람이 저 스스로 '나는 아라한을 이루었다'고 생각하겠느냐?"

수보리가 대답하였다.

"그렇지 않나이다. 세존이시여. 어떤 法에도 얽매이지 않아야 아라한이라고 이름할 수 있나이다. 세존이시여. 만일 어떤 아라한이 '내가 아라한의 경지에 올랐다'고 생각한다면, 이는 곧 아상·인상·중생상·수자상에 집착하는 것이 되옵니다. 세존이시여. 세존께서는 저에게 '무쟁삼매無諍三昧의 경지에 오른 비구 가운데 으뜸'이라 하셨는데, 이는 '걸릴 바가 없는 아라한'이란 뜻이 아니겠습니까. 세존이시여. 저는 사실 '걸릴 바가 없는 아라한'이라는 생각 자체도 없나이다. 세존이시여. 제가 만약 '아라한의 경지에 올랐다'는 생각을 일으킨다면 세존께서는 '수보리가 아란나행阿蘭那行을 즐기는 자'라고 말씀하시지 않았을 것이옵니다. 허나 제가 진실로 아란나행을 의식하지 않기 때문에 '수보리가 아란나행을 즐긴다'고 말씀하신 것으로 생각되옵니다."

註1. 수다원/須陀洹 : 수로타 아판나(srota-apanna)의 음역. 피조물의 한계를 절감하고 구도심을 발하여 수행을 시작한 단계. 道에 갓 입문한 수행자를 가리키는 말로서, 한문으로 번역하여 입류(入流)라고도 한다.

註2. 불입/不入 : 색성향미촉법에 빠져들어 그것에 좌우지되지 않는다는 뜻.

註3. 사다함/斯陀含 : 사크리다가민(sakrd-agamin)의 음역. 한문으로 일왕래(一往來)로 번역되는데, 한 번만 인간계를 다녀가면 더 이상 윤회하지 않아도 되는 경지를 말한다.

註4. 아나함/阿那含 : 아나가민(anagamin)의 음역. 한문으로는 불래(不來)라 번역하는데, 이는 윤회를 끊은 경지를 가리킨다.

註5. 아라한/阿羅漢 : 아르한(arhan)의 음역. 아라한은 空의 이치를 터득하여 견성을 이룬 경지를 말한다. 지혜는 불·보살을 얼추 따라가고 있지만 아직은 중생의 위치에 머무르고 있다. 성불의 고지만 남겨 놓은, 중생으로서는 최고의 경지라 할 수 있다.

註6. 무쟁삼매/無諍三昧 : 마음에 분별의 갈등이 남아 있지 않아 한결같이 청정한 마음.

註7. 아란나/阿蘭那 : arana의 음역. 무쟁처(無諍處), 적정처(寂靜處), 원리처(遠離處)라고 의역한다. 탁발(托鉢)함에 불편하지 않으면서도 민가에서 가장 멀리 떨어져 있는 한적한 곳을 말한다. 소울음 소리가 미미하게 들릴 정도의 거리라고나 할까. 이런 고요한 곳에서 수행을 일삼는 것을 아란나행이라 한다.

사상四相	정의	구분
아상我相	나 위주로 보는 아견	수다원/須陀洹
인상人相	나와 남을 함께 보는 인견	사다함/斯陀含
중생상衆生相	부처와 중생으로 나눠 보는 중생견	아나함/阿那含
수자상壽者相	시공에 그려지는 정보의 다발로 보는 수자견	아라한/阿羅漢

解義

본 장은 성불사과成佛四果에 대한 가르침이다. 성불에 이르는 네 단계의 경지를 일러 수다원須陀洹, 사다함斯陀含, 아나함阿那含, 아라한阿羅漢이라 한다.

수다원이란 아상我相에서 비롯되는 고苦를 절감하는 단계이다. 그렇기에 자연스럽게 수행에 대한 발원이 싹트게 된다. 인생이 남에 비해 초라하며 재미도 없고, 이런저런 불쾌한 일들로 인해 생기는 괴로움 따위는 불교의 고苦가 될 수 없다. 불교의 고苦는 시공의 제약에서 오는 한계를 뼈저리게 인지하고 그것에서 벗어나려는 몸부림이다. 그렇기에 향후 수행을 지속해 나갈 수 있는 동력원이 된다.

사다함이란 아상我相에서 벗어나 외계와의 공명이 순조롭게 이루어지는 인상人相의 경지이다. 道의 맛을 살짝 봤다고나 할까.

일체의 고액苦厄은 아상我相에서 나온다. 아상에 머무르는 한 고해에서 빠져나올 길은 없다. 그래서 사마타 수행과 위빠사나 수행을 통해 아상을 녹여 인상人相으로 만든다. 비유하자면 영화 속 주인공에서 빠져나와 관객이 되어 영화의 전체상과 공명하는 것이다. 이렇게 되면 좁다란 의식의 시공에서 벗어나 보다 큰 우주적 자아로 승화되는데, 이때 누리게 되는 순수 공명의 경지를 사다함이라 한다.

아나함이란 삼라만상을 중생과 부처로만 보는 경지이다. 法과 法이 아닌 것으로만 보여지며, 그래서 달리 중생상衆生相이라 한다. 실존과 허상이 뒤얽혀 한 덩어리의 생명 현상을 일으키는 것으로 보게 되는데, 그만큼 수행자의 법력法力이 증가했다는 의미이다.

여기서 비법非法이란 자신이 法(佛)이라는 사실을 깜빡 잊고 있는 상태를 말한다. 삼라만상 모든 것이 法(佛)임에 틀림없지만, 이것을 자각하는 것과 그러지 못하고 무명無明에 빠져 헤매고 있는 것이 있다. 쉽게 말해 꿈에서 깬 자와 꿈속에 빠져 있는 자 두 부류만이 존재하며, 이런 양단의 시각으로 보는 경지가 아나함이다.

아라한이란 삼라만상을 시간과 공간으로만 보는 경지이다. 사다함에서 거울을 들고 삼라만상을 비추고 있다고 한다면, 아나함은 거울을 당겨 삼라만상과 일체가 되어 바라보는 경지이다. 여기서 더 나아가면 아나함에서의 거울(共鳴)이 쓸모없게 돼 버리는데, 이런 경지를 아라한이라 한다. 거울이 없이도 一心과 하나로 존재하는 상태, 이쯤 되면 일체의 분별이 사라지고 절대평등에 머무르게 되어 부처라 이를 만도 할 것이다.

그러나 세존은 이런 아라한의 경지 또한 아직은 중생이라고 단언하셨다. 왜 그런 것인가? 아직 그 이상의 단계, 즉 열반이 남아 있기 때문이다.

道를 바라보는 관점	道의 異名
• 오직 하나뿐인 절대의 경지	태일(太一), 적멸(寂滅)
• 영원히 변함없는 참된 이치	진리(眞理)
• 모든 문제 해결의 올바른 길	도(道), 원각(圓覺)
• 삼라만상의 근원	제일원인(第一原因), 본질(本質), 질료(質料)
• 실재하는 우주의 참된 모습	실존(實存), 실체(實體), 실상(實相)
• 하나뿐인 생명	일심(一心), 원신(元神), 청정심(淸淨心)
• 만물의 주재자	신(神), 조물주(造物主)
• 헤아릴 수 없는 이치	묘법(妙法), 법계성(法界性)
• 때 묻지 않은 거룩함	청정법신(淸淨法身), 청정심(淸淨心)
• 인격으로 化하여 중생을 깨우침	불(佛), 성(聖)
• 영원히 괴로움이 없음	열반(涅槃)
• 마음 바탕에 있는 진리	법성(法性), 불성(佛性), 본성(本性)
• 사람은 누구나 진리 자체임	자성(自性), 성리(性理)
• 참되고 한결같은 진리	진여(眞如), 여래(如來)
• 있는 그대로 비추는 거울과 같음	해인(海印)
• 깨어서 영존하는 본성	각성(覺性), 무면목자(無面目者)

苦也求道

集是三昧

滅在海印

道通元神

한계를 느낌에 道를 구하게 되고

외계의 미혹을 꺼리니 삼매에 들게 되누나.

물아의 장막이 滅하여 공명을 이루고

일체의 분별이 사라지니 하나의 생명으로 化하리.

제10장

無住生心分

－ 머무름 없이 생각을 내라 －

佛告須菩提 於意云何 如來昔在燃燈佛所 於法 有所得不 不也 世尊 如來在
燃燈佛[1]所 於法 實無所得 須菩提 於意云何 菩薩 莊嚴[2]佛土不 不也 世尊 何
以故 莊嚴佛土者 卽非莊嚴 是名莊嚴 是故 須菩提 諸菩薩摩訶薩 應如是生
清淨心 不應住色生心 不應住聲香味觸法[3]生心 應無所住[4] 而生其心[5] 須菩提
譬如有人 身如須彌山王[6] 於意云何 是身 爲大不 須菩提言 甚大 世尊 何以故
佛說非身 是名大身

　부처님께서 수보리에게 일러 말씀하셨다.
　"네 생각은 어떠한가? 여래가 옛적에 연등불 문하에서 수행할 때 정녕 法에
대해 얻은 바가 있었는가?"
　"그렇지 않나이다. 세존이시여. 여래께서 연등불 문하에서 수행하실 때 法에
대해 실로 얻은 바가 없었나이다."
　"수보리야, 네 생각은 어떠한가? 보살이 불국토를 위해 여러 가지 진리적 선
행을 베푸는가?"
　"아니옵니다. 세존이시여. 왜 그런가 하면, 불국토를 위해 진리적 선행을 베
푼다는 것은 － 본질적으로 보면 － 진리적 선행을 베푸는 것이 아니며, 단지 그
렇게 이름을 붙인 것뿐이옵니다."
　"수보리야, 그렇기에 모든 수행자들은 마땅히 그와 같이 청정한 마음을 지
녀야 하느니라. 형상(有)에 집착하여 마음을 일으키지 말지며, 또한 소리와 냄

새와 맛과 촉감, 사념思念에도 집착하는 마음을 일으키지 말지니, 마땅히 일체 모든 것에 머무름이 없이 그 마음을 내어야 하느니라. 수보리야, 비유컨대어떤 사람의 몸이 수미산만 하다면 그 몸이 정녕 크다고 하겠는가?"

 수보리가 대답하였다.

" – 그렇지 않나이다. 세존이시여. – 왜 그런가 하면, 심히 크다는 것은 부처님께서 말씀하셨듯이 '나'라는 경계가 없어져야 비로소 크다고 이름할 수 있기때문이옵니다."

註1. 연등불/燃燈佛 : 범어梵語 디팜카라(dipamkara)의 의역으로, 달리 정광불(錠光佛)이라고도 한다. 아미타불이 성불한 직후 그 몸을 둘러싼 법광이 휘황한 것을 보고 불리던 별칭인데, 훗날 불국토 세계가 완성된 뒤로는 쓰이지 않게 되었다.

註2. 장엄/莊嚴 : 불법을 위해 불법에 따라 행하는 일체의 진리행을 말한다. 불교에서의 진리적 선행이라 할 수 있다.

註3. 법/法 : 상황에 따라 여러 의미로 쓰인다. 참된 가르침이란 뜻으로 불법, 인격화된 진리란 뜻으로 부처, 실존의 현현(顯現)으로서의 空… 등이 그것이다. 여기서는 다섯 가지 정보를 조합하여 상념을 일으키는 想法의 뜻으로 쓰였다.

註4. 응무소주/應無所住 : 분별이 일어나지 않는 절대(絶對)의 심리 상태. 청정법신(淸淨法身)을 표현한 말이다.

註5. 이생기심/而生其心 : 분별이 일어나는 상대(相對)의 심리 상태. 혼탁한 중생의 현재 모습을 표현한 말이다.

註6. 수미산왕/須彌山王 : 고대 인도의 신화에 등장하는 산 가운데 가장 크고 높은 산. 수미산에서 가장 높은 봉우리를 가리킨다.

解義

깨달음의 열쇠는 空이다. 이 점에 대해『금강경』을 비롯해 불법의 대부분이 지적하고 있다. 그럼에도 왜 중생들의 눈엔 空이 보이지 않는가? 이것이 보이면 깨달음의 열매를 단숨에 딸 수도 있을 텐데 말이다.

깨달은 부처의 눈엔 삼라만상 어느 것도 空이 아닌 것이 없다. 이렇게 되면 중생이 단 한 명도 존재하지 않게 되는데, 이는 바꿔 말하면 중생이라고 착각하는 것들만 수두룩하게 널려 있다는 뜻이다.

그렇다면 어쩌다가 부처들이 깊은 착각의 늪에 빠져 스스로 중생이라 생각하게 된 것인가?

이건 하루 이틀에 걸쳐 생겨난 일이 아니다. 중생심으로 돌돌 뭉쳐 놓으려면 꽤나 오랜 세월이 걸렸을 것이다. 그 과정을 돌이켜 간략히 재연해 보자.

空이란 非有非無한 것이며, 이렇게 존재하기 위해서는 心밖에는 없다. 心이란 정보의 이합집산을 무한히 반복하며 그 결과에 가치를 부여하는 존재이다. 有도 아니고 無도 아니기에 영원불변한 실존이다.

그래서 삼라만상 모든 것이 心 아닌 것이 없다. 돌멩이나 쇠붙이도 心이 굳어져 변화성이 적어진 것뿐이지 별개의 것이 아니다. 부수고 쪼개 보면 결국 정보 다발로 이루어져 있고, 이런 정보는 결국 心에서 유발된 것이다. 이런 이유로 깨달은 자들이 이구동성으로 일체유심조 一體唯心造를 거론한다. '모든 것이 마음 먹기에 달렸다'는 뜻이 아니라 실제로 우주 삼라만상 모든 것이 心이 만들었다는 얘기이다.

우리가 보고 느끼는 물질[23]이란 것들은 心이라는 바다에서 떨어져 나온 물거품이다. 그 물거품에 속해 있는 우리들의 눈엔 그것들이 온통 바다와 구별

되는 별개의 것으로 여겨진다. 하지만 근본적으로 보면 물거품은 바다와 둘이 될 수 없다. 이 점을 분명히 가르치고 있는 것이 불법이다. 물거품으로 알고 있는 중생들에게 바다의 존재를 일러주고 있는 것이다.

 그런데 어떤 중생이 불법을 통해 자신이 바다임을 깨달았다고 치자. 이때 변한 것은 무엇인가?

 물방울이 바다로 변한 게 아니라, 물방울은 원래부터 바다였다. 바다가 정보의 파도를 일으키면서 발생한 낱낱의 현상이 물방울일 따름이다. 따라서 물방울이 바다로 바뀐 게 아니라, '별개의 피조물'이라는 생각을 털어냈을 뿐이다. 이는 불법을 통해 물방울(중생)을 바다(부처)로 만들어 준 것이 아니라는 얘기이다. 그래서 세존의 입에서 '중생을 제도했지만 제도한 중생이 없다'는 말이 나오는 것이다.

 자, 그렇다면 자신이 바다(부처)임을 깨닫게 된 물방울의 심정은 어떨까? 조각난 분별로 보다가 통합의 전체로 보게 된 느낌 말이다.

 기이하게도 깨달아 부처(바다)가 되고 나면 다시 중생(물방울)으로 향하게 된다. 바다가 파도를 일으켜 물방울을 흩뿌리듯이, 心은 정보를 일으켜 창조를 이루고 그것을 감상하려는 쪽으로 움직인다. 그렇게 해서 물방울(중생)로 초점이 모아지면 다시 바다(부처)로 향하게 된다. 중생은 부처가 되고 싶고 부처는 중생이 되고 싶은 것, 이것이 우주가 생겨먹은 본래 모습이다. 부처와 중생이 돌고 돌아 한 덩어리로 공존하는 모습, 이것이 실존이다.

 색즉시공色即是空 공즉시색空即是色이 이래서 성립되는 것이다. 응무소주應無所住라는 바다에서 이생기심而生其心이라는 물방울을 일으키며 피아의 구분 없이 한 생명으로 둥글어 가는 모습, 이것이 깨달은 부처의 모습이다. 이런 공존의 미학을 가르쳐, 나고 죽음이 없이 열반의 가치를 일러주는 것이 불법이다.

 그래서 불법을 일러 「영생을 이루어 열반에 이르는 가르침」이라 한다. 즉 영생과 열반이라는 두 마리 토끼를 한꺼번에 취하려는 수행인데, 바로 응무소주應無所住라는 바다에서 영생이, 이생기심而生其心이라는 물방울에서 열반이 나오게 된다. 이 둘 사이의 분별 자체도 사라져 들숨과 날숨처럼 한 호흡의 생명으로 화해 영존하는 것, 이것이 여래如來[24]이다.

그런데 지금까지 설명한 것이 맞을까?

조사祖師들이 바다와 물방울, 바탕색과 그림, 절대와 상대, 피안과 뗏목, 진아眞我와 가아假我… 등의 비교를 통해 깨달음을 설명하는 경우가 꽤 많다. 그런데 필자의 해설을 비롯해 이런 풀이들은 실존의 한 단면에 불과하다. 더 냉혹히 말하면 깨달음과는 별로 상관 없는 몽상들이고, 그래서 제대로 깨달은 자의 입에서 나올 얘기들은 아니다. 그럼에도 세존을 비롯해 깨달았다는 자들이 이런 식의 법문을 하는 것은 사고의 힘을 길러주려는 의도이다. 분별심을 누그러뜨리려는 목적이지 깨달음과는 하등의 연관이 없다.

불법이란 것도 알고 보면 깨달음과 간접적으로든 직접적으로든 관련된 부분이 전무하다. 좀 극단적인 표현 같지만 사실이 그렇다. 그래서 경전을 암송하고 풀이하고 터득해도 사고의 힘은 커지지만 깨달음의 가능성이 그것에 비례해 높아지진 않는다. 사실이 이러하니 세존이 득도를 한 이후 전법傳法을 포기하려 했던 것이다. 전법할 수 있는 방법이 존재하지 않으니 말이다. 法을 말해 봤자 죄다 거짓말이 될 테니 세존의 심정이 어떠했겠는가.

그러면 불교의 경전은 모두 쓸모없는 것인가?

다행히 그렇지가 않다. 온통 거짓으로 이루어진 불교 경전에 비밀이 하나 숨어 있다. 그것은 불법을 열심히 익힌 후 부숴버리면 세존의 진짜 가르침이 드러난다는 사실이다.『금강경』이 法을 세우고 나서 다시 그 法을 계속해서 허무는 이유가 여기에 있다.

제11장

有法有佛分

– 法이 있는 곳에 부처가 있다 –

須菩提 如恒河[1]中所有沙數 如是沙等恒河 於意云何 是諸恒河沙 寧爲多不 須
菩提言 甚多 世尊 但諸恒河 尙多無數 何況其沙 須菩提 我今實言 告汝 若有
善男子善女人 以七寶 滿爾所恒河沙數 三千大千世界 以用布施 得福 多不 須
菩提言 甚多 世尊 佛告須菩提 若善男子善女人 於此經中 乃至受持四句偈等
爲他人說 而此福德 勝前福德 復次須菩提 隨說是經 乃至四句偈等 當知此處
一切世間天人阿修羅[2] 皆應供養 如佛塔廟[3] 何況有人 盡能受持讀誦 須菩提
當知是人 成就最上第一希有之法 若是經典所在之處 卽爲有佛 若尊重弟子

"수보리야, 네 생각은 어떠한가? 항하에 있는 모래 수만큼의 항하가 있고,
다시 이 모든 항하에 있는 모래라고 한다면 그 수가 많겠느냐?"
수보리가 대답하였다.
"심히 많나이다, 세존이시여. 모래의 수만큼 있는 항하도 무수히 많을진대,
하물며 그 속의 모래야 말해 무엇하겠나이까."
"수보리야, 내가 오늘 너에게 진심으로 이르나니, 만일 어떤 수행자가 칠보
로써 저 항하의 모래 수처럼 많은 삼천대천세계를 가득 채워 보시한다면 그
복덕이 많겠느냐?"
수보리가 대답하였다.
"매우 많사옵니다. 세존이시여."
부처님께서 다시 말씀하셨다.

"만일 어떤 수행자가 이 경經에서 사구게라도 간직하여 남에게 일러 준다면, 이런 법시法施의 복덕이 칠보로써 하는 재시財施의 복덕보다 크니라.

또 수보리야, 이 경經에서 사구게만 이해하여 말할 수 있다고 해도 온 세상의 모든 존재들이 마치 여래의 진신사리를 떠받들듯 공경할 것이니라. 그럴진대 훗날 어떤 사람이 있어서 능히 이 경전을 받아 지니고 독송한다면 어떻겠는가.

수보리야, 이 사람은 훗날 무상의 불법을 통하게 될 것이나니, 만약 이 경전에 대한 참된 가르침을 펴는 곳이 있다면 바로 부처님이나 그의 출중한 제자들이 있는 곳임을 알지라."

註1. 항하/恒河 : 범어 강가(Ganga)의 의역. 갠지스강(Ganges)을 일컫는다. 갠지스강은 길이 2,511km로, 중부 히말라야산맥에서 발원하여 남쪽으로 흘러 힌두스탄평야를 거쳐 벵골만으로 흘러들어간다. 인도 문화의 젖줄을 이루며 문화의 중심지가 되었다.

註2. 천인아수라/天人阿修羅 : 천(天)·인(人)·지(地) 삼계를 지칭하는 말이다. 아수라란 인간에 못 미치는 영력을 지닌 모든 존재를 뜻한다. 불교에서는 육도윤회라 하여 지옥, 아귀, 축생, 아수라, 인간, 천(天)으로 나누는데, 이는 당시 힌두교 문화의 영향을 받아 형성된 것으로 보인다. 영력을 구분할 때는 인간 밑의 대상은 그다지 중요하지 않아 축생으로 뭉뚱그려 통일하고, 인간만을 세부적으로 나누어 영력을 정한다. 설사 짐승보다 못한 악인이라 해도 사실상 영력에 있어서는 그보다 우위에 있게 된다. 이런 면에서 볼 때 불교의 육도윤회는 그 구분이 모호하지 않을 수 없다. 특히 굶어 죽은 아귀나 악령의 일종인 아수라가 등장하는 것은 더욱 그렇다. 이는 마치 나무의 종류를 열거하는 데 있어서 잎사귀나 풀잎을 나무와 같은 선상에 꺼넣는 것과 같은 것이라 할 수 있다.

註3. 불탑묘/佛塔廟 : 부처님의 진신사리를 모시고 있는 사당이나 절을 말한다.

解義

불교의 주된 관심사는 영원한 시간과 무한한 공간이다. 전자를 취해 영생[25]을 얻고 후자를 통해 열반을 이루고자 하는 것이 불교의 수행이다. 그렇기에 이런 시각에서 보면, 삼천대천세계를 칠보로써 가득 채운들 그것이 크게 느껴질 리가 없다.

불교는 오로지 깨달음에 관계된 것이어야만 그것의 가치를 높이 친다. 그 어떤 물질을 가지고는 불법에 추호도 견줄 수 없다. 그래서 재시財施는 그것의 규모에 관계없이 법시法施에 비해 부족하다. 사실 영원한 생명과 무한한 열반을 물질로써 살 수는 없지 않은가. 그래서 재시란 법시를 펴는 과정에 부수적으로 따라붙는 방편의 일종일 따름이다.

 이만큼 불법에 대한 가치는 비교할 수 없이 크다. 그래서 참된 法이 강조되고, 유법유불有法有佛과 같은 말이 나오게 된다. 이는 불교의 법맥을 단적으로 표현한 말이다. 法이 있는 곳에 부처가 있다는 말은, 法이 살아 숨 쉬는 곳으로 부처의 법맥이 흐른다는 뜻이다.

 너무나 당연한 말 같지만 현실에서 이것이 성립되기란 그리 쉽지만은 않다. 사실 역사를 되돌아보면, 유법유불有法有佛이 지켜지지 않아 법맥과 종통에 관한 다툼이 수없이 발생해 오지 않았던가. 조사의 가사나 발우, 사리, 유언…등으로 법통을 내세우는 사례를 차치하고라도 대승大乘과 소승小乘의 큰 갈래만 봐도 그렇다.

『금강경』의 관점에서 보면, 대승과 소승 가운데 과연 어느 것이 옳을 것인가? 아마 이런 질문을 세존에게 했다면 크게 꾸중을 듣지 않았을까 싶다. 왜냐, 그런 질문 자체가 커다란 분별을 짊어지고 있기 때문이다. 불법은 대승이냐 소승이냐, 그 외에 어떤 종파냐의 문제가 아니라 어떻게 하면 일체 분별의 족쇄를 끊고 해탈하느냐에 달려 있을 뿐이다. 그렇기에 방편²⁶⁾에 마음을 두는 것은 들숨과 날숨을 견주는 것처럼 어리석은 일이 될 것이다.

제12장

如法受放分

- 法 그대로 거두어 놓아 버리라 -

爾時 須菩提 白佛言 世尊 當何名此經 我等 云何奉持 佛告須菩提 是經 名
爲金剛般若波羅蜜[1] 以是名字 汝當奉持 所以者何 須菩提 佛說般若波羅蜜
卽非般若波羅蜜 是名般若波羅蜜 須菩提 於意云何 如來有所說法不 須菩
提 白佛言 世尊 如來無所說 須菩提 於意云何 三千大千世界 所有微塵 是爲
多不 須菩提言 甚多 世尊 須菩提 諸微塵 如來說非微塵 是名[2]微塵 如來說
世界 非世界 是名世界 須菩提 於意云何 可以三十二相 見如來不 不也 世尊
不可以三十二[3]相 得見如來 何以故 如來說三十二相 卽是非相 是名三十二
相 須菩提 若有善男子善女人 以恒河沙等身命 布施 若復有人 於此經中 乃
至受持四句偈等 爲他人說 其福甚多

이때 수보리가 부처님께 여쭈어 말하였다.

"세존이시여, 마땅히 이 경전을 어떻게 이름하며, 우리들이 어떻게 받들어 지
녀야 하겠나이까?"

부처님께서 말씀하셨다.

"이 경전은 이름하여 『금강반야바라밀金剛般若波羅蜜』이나니, 너희는 이 이름
이 뜻하는 바(無明을 녹이는 무상의 진리)를 받들어 지녀야 하리라. 수보리야,
왜 그런가 하면 내가 지금 '반야바라밀'이라고 말은 하지만, 이것은 사실 '반
야바라밀'이 아닌 그저 이름뿐인 '반야바라밀'이기 때문이니라. 수보리야, 너
는 이 이치를 정녕 알겠는가? 과연 여래가 설한 法이 있는가?"

수보리가 대답하였다.

"세존이시여. 여래는 法을 설한 바가 없나이다"

"수보리야, 네 생각은 어떠한가? 삼천대천세계에 있는 티끌의 수가 많지 않겠는가?"

수보리가 대답하였다.

"심히 많나이다. 세존이시여."

"수보리야, 여래가 설하지 않았는가. 그 모든 티끌은 사실 티끌이 아니며, 그 이름이 티끌일 뿐이라고…. 여래가 말하는 세상 모든 것은 사실은 이름만 그렇게 부르는 것이니라.

수보리야, 네 생각은 어떠한가? 여래가 지녔다는 남다른 32상相으로써 여래의 진면목을 볼 수 있겠느냐?"

"불가하나이다. 세존이시여. 32상으로써 여래를 볼 수 없나이다. 왜냐하면 부처님께서 설하신 32상은 사실상 相이 아닌 이름뿐인 相이기 때문이옵니다."

"수보리야, 만일 선남자 선녀인이 항하의 모래 수처럼 많은 목숨을 바쳐 보시하여도, 이 경經에서 사구게 정도만 간직하고 있다가 남을 위해 일러주는 복덕에 비할 바가 아니니라."

註1. 금강반야바라밀/金剛般若波羅密 : 금강(金剛)이란 윤회를 반복하면서 고착된 중생의 업장을 빗댄 말이다. 그 업장이 얼마나 두꺼운지 웬만해선 줄어들려 하지 않는다. 오히려 점점 더 단단해져서 세상 어느 것으로도 이것을 녹일 수가 없다. 이런 때에 이것을 녹여 소멸시킬 수 있는 방법이 등장했으니, 그것이 바로 불법이다. 그래서 금강반야바라밀이라 하면 '업장에 의해 생성된 중생의 무명(無明)을 녹여 없애는 최상의 진리'라는 뜻이 된다.

註2. 명/名 : 여기서의 이름이란 실체가 없는 것들을 인식하기 위해 붙여진 정보를 말한다.

註3. 삼십이상/三十二相 : 고대 인도에서 귀한 상(相)을 판단할 때 기준으로 삼는 서른두 가지 신체적 특징을 말한다. 이 상(相)을 두루 갖춘 이는 속세에서는 전륜성왕이 되고 탈속해서는 보살 내지 부처가 된다고 알려져 있다. 대략 그 내용을 살펴보면, 첫째 발바닥이 판판하고, 둘째 손바닥에 수레바퀴 모양의 손금이 있고, 셋째 손가락이 가늘면서 길고, 넷째 손발이 매우 부드럽고… 등등 세세한 신체적 사항까지 열거하고 있다. 세존은 중생들의 이해를 돕고자 그들에게 친근한 문화를 예로써 들었고, 그런 까닭에 경전에 한 구절 등장하게 된 것으로 보인다. 결론적으로 32상에 어떤 특별한 의미를 부여할 필요는 없을 것이다.

解義

여래가 法을 설했는데 왜 설한 法이 없다고 하는가?

여래의 法은 분별의 상대相對[27]를 벗어나 절대絶對[28]의 피안에 이르는 가르침이다. 그런데 法이 남아 있게 되면 그 자체로 상대가 된다. 그렇기에 여래의 法은 듣고 소화를 시켜 그 자취가 없어야 한다.

물론 소화를 시키는 동안에도 열심히 法을 받아먹어야 하지만, 아무튼 소화가 되는 즉시 놓아야 한다. 이것이 여법수방如法受放이다. 뗏목을 이용해 강을 건너는 즉시 그것을 버리고 피안에 오르는 것과 같은 맥락이다.

그래서 불교의 수행은 크게 두 갈래로 나뉜다. 첫째 法에 따라 일심으로 용왕매진하는 것이요, 둘째 法을 버려 그 어떤 것에도 걸림이 없게 하는 것이다. 전자는 초월의 법이고 후자는 해탈의 법이다. 초월의 법은 제행무상諸行無常의 의식이 자라나 무소유의 경지로 이어지고, - 응무소주應無所住 - 해탈의 법은 그런 무소유의 경지마저 뛰어넘어 평범의 상태로 되돌아오게 한다. - 이생기심而生其心 - 그래서 초월의 법은 아상·인상·중생상·수자상이 없는 방향으로 흘러가고, 해탈의 법은 아상·인상·중생상·수자상이 있는 것도 아니고 없는 것도 아니게 된다.

초월의 법은 그 구조상 아라한의 경지 이상으론 도달할 수 없다. 불법을 버림으로써 수행자와 속인의 구분이 없는 해탈의 경지에 이를 때 비로소 아라한의 한계를 넘어 여래가 될 수 있다.

초월	法을 써서 분별을 넘어선 이사무애(理事無碍)의 경지. 응무소주(應無所住)
해탈	法마저 넘어선 사사무애(事事無碍)의 경지. 이생기심(而生其心)

제13장

經無其實分
- 經은 그 실체가 없다 -

爾時 須菩提 聞說是經 深解義趣 涕淚悲泣 而白佛言 希有世尊 佛說如是甚深經典 我從昔來所得慧眼 未曾得聞如是之經[1] 世尊 若復有人 得聞是經 信心淸淨 則生實相 當知是人 成就第一希有功德 世尊 是實相者 則是非相 是故 如來 說名實相 世尊 我今得聞如是經典 信解受持 不足爲難 若當來世後五百歲 其有衆生 得聞是經 信解受持 是人 卽爲第一希有 何以故 此人 無我相 無人相 無衆生相 無壽者相 所以者何 我相 卽是非相 人相衆生相壽者相 卽是非相 何以故 離一切相 卽名諸佛 佛告須菩提 如是如是 若復有人 得聞是經 不驚不怖不畏 當知是人甚爲希有 何以故 須菩提 如來說第一波羅蜜卽非第一波羅蜜 是名第一波羅蜜

　이때 수보리가 부처님께서 이 경經을 설하시는 것을 듣고, 그 뜻을 깊이 이해하고 감읍하여 아뢰었다.

　"부처님으로부터 직접 이처럼 심오한 경經에 대해 듣는다는 것은 매우 희귀한 일이옵니다. 제가 오래도록 수행해서 나름의 혜안을 얻었다지만, 일찍이 이와 같은 경經을 들은 바가 없었나이다.

　세존이시여, 만일 어떤 사람이 이 경經을 듣고 신심信心을 청정히 하면 - 일체 미혹에서 벗어나 - 실상實相을 갖추게 되리니, 이 사람이야말로 보기 드문 제일의 공덕을 성취한 것이라 생각되옵니다.

　세존이시여, 이 실상을 갖춘 자는 사실상 실상이 없기 때문에, 여래께서 실상이라 이름 붙여서 설하신 것이 아니겠습니까.

세존이시여, 제가 지금 이 자리에서 이와 같은 경經을 듣고 이해하고 받아 지닐 수 있는 것은 어려운 일이 아니지만, 만일 다음 세상 2천5백 년 후에 어떤 중생이 있어서 이 경經을 듣고 믿고 이해하여 마음에 받아 지닐 수 있다면, 이는 참으로 보기 드문 일이 될 것이옵니다. 이 사람은 아상이 없어지고 인상이 없어지고 나아가 중생상이 없어지고, 더 나아가 수자상이 없어지게 될 것이옵니다. 왜냐하면 「일체의 상相에서 벗어난 것이 곧 부처」라는 이 경經의 가르침을 통해 아상을 비롯하여 인상, 중생상, 수자상이 실체가 없음을 깨닫게 될 것이기 때문이옵니다."

부처님께서 수보리에게 말씀하셨다.

"그러하니라. 참으로 그러하니라. 만일 어떤 사람이 이 경經을 듣고 놀라거나 겁내거나 두려워하지 않는다면 그런 사람이야말로 – 불교 수행에 – 바람직한 사람임을 알지라. 왜 그런가 하면 수보리야, 여래가 설한 무상의 바라밀이란 것은 사실은 바라밀이 아닌 이름만 그러하기 때문이니라."

註1. 미증득문여시지경/未曾得聞如是之經 : 여태껏 모든 경전은 그 구조가 아상·인상·중생상·수자상을 거쳐 응무소주(應無所住)의 경지에 이를 것을 가르쳐 왔다. 하지만 『금강경』은 그렇게 해서 이룬 절대성마저 버림으로써 이생기심(而生其心)의 상대성을 안고 있다. 성불, 부처, 절대, 피안, 경전, 불법… 등의 절대적 가치마저 뛰어넘음으로써 완전한 해탈을 주창하고 있다. 그러니 수보리가 일찍이 들은 바가 없는 심오한 가르침이라며 찬탄하고 있는 것이다.

解義

경經이란 부처의 가르침을 담고 있는 성스런 책이다. 그래서 불제자에게 있어서 경經이 없는 것은 마치 항해 시에 나침반이 없는 것과 같다. 이런 까닭에 수행자는 경經을 대함에 마치 부처님 대하듯 하게 된다. 자연스럽게 경經에 집착하는 마음이 생길 수밖에 없는 구조가 되는 것이다.

그런데 경經의 가르침은 한결같이 일체의 집착에서 벗어나 응무소주應無所住하라고 한다. 응무소주應無所住마저 뛰어넘게 되면 이생기심而生其心하게 된다. 불법이나 부처도 버림으로써 평범한 원래의 모습으로 돌아오는 것이다.

이렇게 한 사이클을 돌아 제자리로 돌아오면 성聖도 아니고 속俗도 아니게 된다. 부처와 중생의 구분이 없는 상태, 그래서 아상·인상·중생상·수자상이 있으면서도 없게 된다. 이런 경지를『금강경』은 반복해서 제시하고 있다.

깃발과 바람에 얽힌 다음의 선문답을 떠올려 보자.

어느 날 네 명의 승려가 도담을 나누고 있었다. 한 승려가 먼발치에서 펄럭이는 깃발을 보고 "깃발이 힘차게 펄럭이는군" 하였다. 그러자 다른 승려가 이를 듣고는 "저건 깃발이 펄럭이는 게 아닐세. 자네 눈엔 요동치는 바람이 보이지 않는가?" 하였다. 그러자 또 다른 승려가 헛기침을 한 번 크게 하고는 말을 꺼내기를, "둘 다 틀렸네. 깃발이나 바람이 움직인 게 아니고 자네들의 마음이 움직인 것이네" 하였다. 그러자 그때까지 구석에서 묵묵히 있던 승려가 담담한 어조로 말했다. "셋 모두 틀렸네. 깃발도, 바람도, 마음도 움직인 것이 일절 없네. 그저 시공時空이 한 판 춤사위를 당겼을 뿐인 것을…" 하였다. 이때 이들 네 명의 승려 옆을 지나던 한 나그네가 빙그레 웃으며 고개를 절레절레 흔들었다. 그의 이런 행동을 의아하게 여긴 네 번째 승려가 물었다. "당신의 그 웃음은 대관절 무슨 뜻이오?" 그러자 나그네가 말하기를, "네 분 모두의 말씀이 맞았습니다. 그러면서 동시에 틀렸습니다. 그래서 맞은 것도 아니고 틀린 것도 아니지요" 하면서 껄껄 웃는 것이었다. 네 명의 승려가 의혹의 낯빛을 드리우며 날선 눈빛을 번득일 때, 마침 길가 논두렁에서 밭을 가는 촌부가 있었다. 그는 허리를 펴고 구슬땀이 송송 맺힌 이마로 눈부신 햇살을 가득 받으며 환한 웃음을 내비쳤다.

여기서 깃발을 보는 것이 아상我相, 바람을 보는 것이 인상人相, 마음을 보는 것이 중생상衆生相, 시공을 보는 것이 수자상壽者相이다. 그리고 나그네처럼 사상四相에 얽매임 없이 두루 볼 수 있으면 대개 한 소식 들었다고 한다. 일각一覺을 한 건 맞지만 아직도 불법에 얽매이는 마음이 남아 있어 해탈에 이르지는 못했다.

그래서 위의 선문답에서 초점은 마지막의 촌부에게 맞춰진다. 그는 아마 두 종류의 사람일 것이다. 중생 그대로의 촌부이든지, 아니면 수행의 한 사이클을 돌아 제자리로 온 붓다일 것이다. 촌부가 깨달음을 얻고서도 자신이 이룬 경지에 일모의 머무름이 없다면, 그야말로 진정한 대각을 이룬 셈이 된다.

이런 이유로 인해 세존의 설법은 뭔가 해답을 주면서도 결국엔 그 해답마저 부정한다. 중생들에게 불법의 동아줄을 길게 내려주면서도 그런 적이 없다고 잡아떼는 것이다. 왜냐, 불법이 중생구제의 동아줄이 되기 위해서는 그 실체가 없어야 하기 때문이다.

이렇듯 모든 분별을 다 넘어서기 위해서는 경經의 가르침에도 머무름이 없어야 한다. 이런 취지로 세존은 경經마저 그 실체가 없으니 집착해서는 안 된다는 점을 역설하고 있다. 그래서 경무기실經無其實이다.

제14장

離相無住分

— 형상에서 벗어나 머무름이 없다 —

須菩提 忍辱波羅蜜 如來說非忍辱波羅蜜 是名忍辱波羅蜜 何以故 須菩提
如我昔爲歌利王 割截身體 我於爾時 無我相 無人相 無衆生相 無壽者相 何
以故 我於往昔節節支解時 若有我相人相衆生相壽者相 應生瞋恨 須菩提 又
念過去於五百世 作忍辱仙人 於爾所世 無我相 無人相 無衆生相 無壽者相
是故 須菩提 菩薩 應離一切相 發阿耨多羅三藐三菩提心 不應住色生心 不
應住聲香味觸法生心 應生無所住心 若心有住 卽爲非住 是故 佛說菩薩 心
不應住色布施 須菩提 菩薩 爲利益一切衆生 應如是布施 如來說一切諸相
卽是非相 又說一切衆生 卽非衆生 須菩提 如來 是眞語者 實語者 如語者 不
誑語者 不異語者 須菩提 如來所得法 此法 無實無虛 須菩提 若菩薩 心住於
法 而行布施 如人入闇 卽無所見 若菩薩 心不住法 而行布施 如人有目 日光
明照 見種種色 須菩提 當來之世 若有善男子善女人 能於此經 受持讀誦 卽
爲如來 以佛智慧 悉知是人 悉見是人 皆得成就 無量無邊功德

"수보리야, — 분별이 빚어내는 온갖 갈등을 잘 참고 견뎌내는 지혜를 일컫는 — 인
욕바라밀에 대한 가르침을 여래는 설한 바가 없나니, 그저 이름만 인욕바라
밀이라고 부르는 것이니라.

왜 그런가 하면 수보리야, 내가 저 옛적 가리왕에 의해 몸이 갈기갈기 찢길
적에 아상·인상·중생상·수자상이 없었느니라. 행여 나에게 아상·인상·중생
상·수자상이 있었다면 나의 몸이 갈기갈기 찢길 적에 필히 성내고 원망하는

마음이 일었을 것이니라.

　수보리야, 생각해 보면 저 옛적 오백 년 동안 내가 인욕을 닦는 수행자로 있었을 때에도 나에게는 아상·인상·중생상·수자상이 없었느니라. – 이처럼 상(相)에 머무름이 없으니 인욕바라밀란 것이 어찌 있을 수 있겠는가!

　수보리야, 이렇듯 수행자라면 응당 일체의 상相에서 벗어나 아뇩다라삼먁삼보리의 마음을 일으켜야 하나니, 마땅히 형상에 머물러 마음을 내지 말지며, 소리와 향과 맛, 감촉, 사념에도 얽매여 마음을 내지 말지라. 반드시 머무름 없이 마음을 낼지며, 행여 마음에 머무름이 생기더라도 – 그것을 관觀함으로써 – 머무름이 아니게 해야 하느니라. 그러므로 부처는「수행자는 응당 상相에 집착하지 않는 보시를 하라」고 설하는 것이니라.

　수보리야, 수행자는 마땅히 일체중생들을 이롭게 하는 방향으로 보시해야 하느니, – 그 이롭게 하는 방향이란 것이 – 여래가 설한「일체의 모든 상相은 상相이 아니며 일체의 모든 중생은 중생이 아니다」라는 가르침이니라.

　수보리야, 여래는 진리를 말하는 자이며, 실상을 말하는 자이며, 한결같이 말하는 자이며, 속여 말하지 않는 자이며, 어긋나게 말하지 않는 자이니라.

　수보리야, 여래가 얻은 법이란 실체가 있는 것도 아니고 없는 것도 아니니라. 수보리야, 만일 수행자가 法에 집착하여 보시행을 한다면 마치 어떤 사람이 어둠에 갇혀 보이는 바가 없는 것과 같으니라. 만일 수행자가 法에 집착하지 않는 마음으로써 보시를 한다면 마치 눈을 통해, 햇빛의 밝음에 의해 생겨나는 온갖 형색을 보는 것과 같으니라.

　수보리야, 다음 세상에 어떤 선남자 선녀인이 능히 이 경經을 받아 간직하고 독송할 수 있다면, 여래가 부처의 지혜로써 그 사람을 능히 알아보고 헤아리게 되리니, 결국 무량한 수행의 공과를 성취하게 되리라.”

解義

수행의 첫 단계는 인욕바라밀이다. 불제자가 되어 구도를 발원하면 자신이 늘 살던 방식을 완전히 바꿔 새로운 형태의 삶을 살아가야 한다. 그렇기에 모든 것이 낯설고 언제 어디서 갈등 상황이 벌어질지 모른다. 또한 이러한 주변 여건과 상황의 변화 외에도 수행 자체가 안고 있는 여러 가지 고충이 뒤따르기 마련이다. 그래서 수행의 첫걸음은 온갖 갈등과 멸시, 역경, 반목… 등을 잘 참고 견뎌내는 인욕바라밀에서 시작하게 된다.

그런데 아상我相이 큰 경우는 인욕바라밀이 결코 쉽지 않다. 아상 자체가 머무름이기 때문이다. 그래서 인욕바라밀은 저절로 아상을 줄이고 인상人相이 되는 방향으로 흐른다. 인상이 더욱 깊어지면 중생상衆生相과 수자상壽者相으로 이어진다. 이쯤 되면 인욕바라밀 자체가 성립하지 않는다. 내면에서 분별의 불씨가 급격히 수그러들면서 평정심을 잃지 않게 된 까닭이다.

하지만 여기서 그치는 것이 아니다. 마지막 남은 분별의 불씨마저 없애야 하는데, 이때가 바로 수행의 분수령이다. 그런데 분별의 뿌리를 뽑으려 하면 절대로 그것을 이룰 수 없다. 그런 시도 자체가 분별을 안고 있기 때문이다.

그래서 수행의 궁극에 이르러서는 분별을 인식하지 않는 경지로 올라서야 한다. 이것이 부처도 버리고 불법도 지우는 단계이다. 이렇게 될 때 비로소 상相에 집착하지 않아 머무름이 없게 된다. 머무름이 없으면 '나'라고 뚜렷이 주장할 만한 것이 없기에 외계와 자연스럽게 연결되어 개체의 한계를 극복할 수 있는 문호가 열린다. 비로소 이상무주離相無住가 완성되는 것이다.

이렇게 말하면 불교 수행이 꽤나 복잡하고 지난하게 여겨질 것이다. 그 길이 아무리 험난해도 용왕매진 노력하면 되지 않을까?

대개 불교 수행은 분별과의 싸움이라고 한다. 분별에서 피조물인 중생이 만들어졌으니 그것을 물리치는 것은 당연해 보인다. 분별이라는 난적을 없애기 위해 인욕바라밀도 하고, 선정禪定에도 수시로 드나든다. 지혜도 도움이 되니 경전 연구에도 소홀함이 없고, 분별을 철저히 무시해 버리는 위빠사나 수행도 곁들여 한다. 그 외의 모든 수행이 예외 없이 분별 타파에 초점이 모여 있다.

그런데 사실상 평생을 그렇게 해 봐야 소득이 없다. 윤회를 천 번 만 번 하며 수행에 매진해도 결과는 똑같다. 왜 그럴까?

어떤 문제가 주어져 있다면 그것에 대한 해답이 있기 마련이다. 그래서 그 문제가 아무리 어려워도 오랜 세월이 걸리면 풀리게 된다. 그런데 만일 문제가 존재하지 않는다면 어떨까? 문제가 없는데 그것을 풀려고 하면 문제는 영원한 숙제로 남게 된다. 이런 이유로 문제를 풀려는 수행자들도, 문제에 관심이 없는 속인들도 그 구조상 문제에 얽혀 문제인으로 살아 가게 된다. 그래서 중생이다.

그러면 문제가 없다고 인식하면 깨닫게 될까? 다시 말해 나를 비롯해 삼라만상 모든 것이 실존實存이며 붓다라고 굳게 믿는 것이다.

그래도 결과는 똑같다. 어떻게 보면 문제 속에 더 파고드는 격이 될 수 있다. 사실 '세상에 붓다 아닌 것이 없다'고 외치는 수행자 중에 문제 없는 사람을 보기 힘드니 말이다.

그러면 문제가 있다고 여겨도 안되고 문제가 없다고 여겨도 안된다는 말인가? 다시 말해 문제에서 자유로워지면 될까?

문제에서 자유로워진다는 표현이 그나마 수행의 진전에 보탬이 될 수 있다. 하지만 정답은 아니다. 왜냐 지금 당신이 사고하는 구조 자체가 문제를 근간에 깔고 있기 때문이다. 그 틀, 다시 말해 사고 구조를 뿌리째 바꾸는 것이 수행이다. 그래서 똑같은 말을 해도 붓다의 말과 중생의 말이 다르다. 이것이 중생이 붓다를 흉내낼 수 없는 이유이며, 붓다의 평범한 말도 法이 되는 이유이다.

제15장

守經果大分

– 經을 지니는 공덕은 한량없이 크다 –

須菩提 若有善男子善女人 初日分 以恒河沙等身 布施 中日分 復以恒河沙等身 布施 後日分 亦以恒河沙等身 布施 如是無量百千萬億劫 以身布施 若復有人 聞此經典 信心不逆 其福 勝彼 何況書寫受持讀誦 爲人解說 須菩提 以要言之 是經 有不可思議不可稱量無邊功德 如來爲發大乘者說 爲發最上乘者說 若有人 能受持讀誦 廣爲人說 如來 悉知是人 悉見是人 皆得成就不可量不可稱無有邊不可思議功德 如是人等 卽爲荷擔如來阿耨多羅三藐三菩提 何以故 須菩提 若樂小法者 着我見 人見 衆生見 壽者見 卽於此經 不能聽受讀誦 爲人解說 須菩提 在在處處 若有此經 一切世間天人阿修羅 所應供養 當知此處 卽爲是塔 皆應恭敬 作禮圍繞 以諸華香 而散其處 復次須菩提 善男子善女人 受持讀誦此經 若爲人輕賤 是人 先世罪業 應墮惡道 以今世人 輕賤故 先世罪業 卽爲消滅 當得阿耨多羅三藐三菩提 須菩提 我念過去無量阿僧祇劫 於燃燈佛前 得値八百四千萬億那由他諸佛 悉皆供養承事 無空過者 若復有人 於後末世 能受持讀誦此經 所得功德 於我所供養諸佛功德 百分不及一 千萬億分 乃至算數譬喩 所不能及 須菩提 若善男子善女人 於後末世 有受持讀誦此經 所得功德 我若具說者 或有人 聞 心卽狂亂 狐疑不信 須菩提 當知是經義 不可思議 果報 亦不可思議

"수보리야, 만일 어떤 선남자 선녀인이 아침 무렵에 항하의 모래 수와 같은 몸으로써 보시하고, 점심 무렵에 다시 항하의 모래 수와 같은 몸으로써 보시하고, 저녁 무렵에 또다시 항하의 모래 수와 같은 몸으로써 보시하고, 이와 같은 보시행을 무한한 세월 동안 반복한다 하여도, 만일 어떤 사람이 이 경전을 듣고 신심信心이 절로 우러나온다면 그 복덕이 전자의 복덕보다 큰 것이니라. 그럴진대 이 경經을 몸소 써서 잘 간직하고 틈틈이 독송하며 남을 위해 일러주기까지 한다면야 말해 무엇하겠느냐.

수보리야, 요컨대 이 경經에는 불가사의하게도 헤아릴 수 없는 공덕이 있나니, 여래가 대승심을 일으킨 자들을 위해 설한 것이며 무상의 깨달음을 발원한 자들을 위해 설한 까닭이니라.

만일 어떤 사람이 능히 이 경經을 받아 지녀 독송하고 남을 위해 널리 알려준다면 여래가 이런 사람을 바로 알고 지켜볼 것이나니, 헤아릴 수 없는 무한한 공덕을 성취하게 되리라. 이런 사람은 결국 여래의 아뇩다라삼먁삼보리를 공유하게 될 것이니라.

왜 그런가 하면 수보리야, 저 혼자만 득도하려는 좁은 틀거지의 법만 추구하는 사람은 저도 모르게 아상·인상·중생상·수자상으로 보게 되어 이 경經을 제대로 듣지도 못하고 소중히 지니면서 틈틈이 독송하거나 남을 위해 일러줄 수가 없느니라.

수보리야, 어느 곳에서나 이 경經이 있으면 일체 세상의 천신과 인간, 그리고 아수라를 비롯한 모든 중생이 마땅히 받들어야 하나니, 이 경經이 있는 곳이 불佛이 깃든 탑임을 분명히 알지라. 모두가 마땅히 공경하고 예배하며 그 주위를 돌며 꽃과 향을 뿌릴지어다."

부처님께서 다시 말씀하셨다.

"수보리야, 선남자 선녀인이 이 경經을 받아 간직하고 독송하되 만일 남으로부터 멸시를 당한다면, 이는 전생의 죄업으로 인해 악도에 떨어질 것이 지금 받는 멸시로 인해 전생의 죄업이 모두 씻기고, 나아가 아뇩다라삼먁삼보리를 증득하는 길이 열리게 되는 것을 의미하니라.

수보리야, 내가 한량없는 전세의 과거사를 돌아보건대, 연등불께서 나시기 전에도 무수히 많은 부처님들이 계셨고, 이분들을 일일이 공양하고 받들어 섬김에 조금의 소홀함이 없었느니라. 그런데 만일 어떤 사람이 다음 말세에 능히 이 경經을 받아 간직하고 독송하며 정진한다면, 그 공덕은 내가 무수히 많은 부처님들을 공양한 공덕보다 헤아릴 수 없을 정도로 큰 것이니라.

수보리야, 만일 선남자 선녀인이 다음 말세에 이 경經을 받아 간직하고 독송하는 공덕에 대해 내가 사실대로 다 말한다면, 아마도 어떤 사람은 그 말을 듣고 마음이 어지러워져서 믿으려 하지 않을 것이니라. 수보리야, 마땅히 알지라. 이 경經은 뜻도 불가사의하지만 그 과보果報 또한 불가사의한 것이니라."

解義

흔히 처음 가는 길을 가기 위해서는 지도나 나침반 같은 것이 필요하다. 마찬가지로 경經에서는 중생들이 전혀 모르는 차원인 피안을 향해 나아갈 수 있도록 그 지침을 내려주고 있다. 한마디로 깨달음의 안내서라 말할 수 있다.

그런데 경經의 공통된 특징을 보면, 어떤 경우를 막론하고 스스로 가게끔 인도하고 있다는 것이다. 누군가 옆에서 가르쳐 줌으로써 도움을 줄 수는 있지만 손을 잡아끌거나 등을 떠밀어 앞으로 나아가게끔 할 수는 없다. 깨달음의 세계란 그 구조상 그런 식으로는 될 수 없고, 그래서 자력구도自力求道가 담기지 않으면 아무리 내용이 훌륭해도 경經이 아닌 서書나 적籍, 책冊의 일종에 불과하게 된다.

어떤 경우에도 경經이 성립하려면 의식의 차원을 높이는 방향으로 일관되게 흘러야 하며, 결국에는 무상의 깨달음인 아뇩다라삼먁삼보리까지 인도해 주어야 한다. 이런 의미에서 『금강경』은 경經이 갖춰야 할 바를 완벽히 구비해 놓았다. 그래서 부처님은 그 의미를 반복해서 언급하고 있는 것이다.

앞서 말했지만 『금강경』은 초월을 넘어 해탈을 가르치고 있다. 초월은 불법에 의지해서 무소유의 경지로 나아가지만, 해탈은 그 불법과 이룬 경지마저 버림으로써 진정한 대자유를 증득하게 한다.

『금강경』은 불교의 다른 경經에 비해 해탈에 치중한 면이 강하며, 그렇기에 아뇩다라삼먁삼보리를 가장 잘 일러주고 있다 하겠다. 이런 의미에서 볼 때 이 경經을 지니고 독송하거나 남을 위해 일러주는 공덕은 가히 헤아릴 수 없이 클 것이다.

원론적인 얘기는 이쯤 하고, 실제로 『금강경』을 전하면 공덕이 태산처럼 클까?

첫 번째, 『금강경』엔 진리나 法 같은 것이 아예 없다. 애초에 그런 것은 언어로 담을 수 없다. 그래서 『금강경』에 등장하는 세존은 『금강경』을 자신의 法을 전달하는 수단으로 삼고 있다.

두 번째, 『금강경』이 전법傳法의 수단이라 해도 이것이 어떻게 수단이 되는지 아는 사람이 드물다. 다시 말해 사용하는 방법을 모른다는 얘기이다.

세 번째, 용케 세존의 뜻을 헤아려 『금강경』을 수단으로 써서 法을 전해도, 이것을 듣고 이해하고 숙지할 사람들이 거의 없다.

결론적으로 앞의 세 가지 장애를 딛고 『금강경』을 전해도 그것과 깨달음과는 관련이 거의 없게 된다. 불교를 널리 알리는 공덕은 쌓겠지만, 그 공덕이 깨달음에 영향을 주지는 못한다. 장님들의 세상에선 열심히 코끼리 그림을 전해도 소득이 없는 것과 같은 이유이다. 코끼리 그림은 코끼리가 아니며, 이런 의미 없는 그림을 아무리 전해도 시력의 한계에 걸리고 만다. 그렇듯 깨달음의 그림만 횅하니 그려진 『금강경』은 불교 조직엔 도움이 되지만 깨달음까지 공유되는 건 아니다. 오늘날 불교가 세계 4대 종교로 비약되어 있음에도 각자覺者를 찾아보기 어려운 이유가 여기에 있다.

물론 장님의 세계에선 누가 눈을 떴는지 알 수 없다. 그저 훌륭한 인품이나 대자대비한 보살행, 막힘 없는 설법, 용맹정진의 수행… 등을 개안의 잣대로 삼을 뿐이다. 그런데 이런 것들은 존경의 대상이 될지언정 깨달음의 척도가 될 수는 없다.

그렇다면 도대체 어떻게 해야 눈을 떠서 코끼리를 볼 수 있을까? 장님에게 시급한 것은 코끼리 그림보다 자신의 눈을 뜨는 것이다.

완벽한 길이 있다면 지금처럼 모호한 경전들이 남아 있지 않을 것이다. 다만 완벽하진 않지만 지금 수행자들이 가는 길보다 확실히 나은 길이 있다. 그건 수행에 앞서 형이하形而下의 학문을 열심히 익히는 것이다. 형이상形而上의 불도를 닦는 수행자들의 입장에선 그 길이 심히 낮아 보일 수 있다. 하지만 논리적이고 합리적인 사고의 틀을 갖추기 위해선 세속의 학문이 필요하다.

네안데르탈인의 사고 구조에선 절대로 높은 지혜를 증득할 수 없다. 하지만 호모사피엔스는 사고의 폭과 깊이가 놀랄만큼 증대했고, 이런 이성의 힘은 깨달음을 움켜쥘 가능성을 높였다. 호모사피엔스의 지혜, 그것은 인류가 수만 년에 걸쳐 쌓아온 지식의 축적에 있다. 특히 수학과 동서철학, 물리나 화학 같은 분야에 농축되어 있다. 따라서 전공자 만큼은 아니어도 전공자와 대화를 나눌 정도의 지식은 필요하다.

동양철학에서 형이상形而象을 보는 눈을 틔우고 서양철학에서 합리적 이성을 키운다. 그리고 수학에서 논리적 사고의 힘을 얻고 현대물리학에서 보여주는 존재의 실체에 한층 다가선다면 당신은 현생 인류의 맨 앞줄에 서게 된다. 이렇게 사고의 힘이 커진 사람들이 깨달음과 승부를 벌일 수 있는 힘을 갖춘 진정한 수행자들이다.

따라서 경전 공부도 좋지만 잠재된 네안데르탈인의 획일적 사고를 벗기 위해 현대 학문을 닦을 필요가 있다. 세존이 살았던 2천5백 년 전이라면 경전이나 읽고 가부좌나 트는 것이 상책일 수 있지만 지금은 엄연히 다른 시대에 살고 있다. 덧셈 뺄셈을 모르고 수학을 할 수 없는 것처럼 현대 학문을 모르고 수행을 한다는 건 참으로 우매한 일이다. 사실 이름깨나 있는 스님들이 경전을 해설하는 것을 보면 유치원생이 대학원 논문을 읽는 것처럼 어설프기 짝이 없다. 기본적인 사고 구조조차 바로잡히지 않은 탓이다. 예외는 있겠지만 평균적으로 스님들의 영력靈力이 대학교수들보다 현저히 떨어지는 것도 이때문이다.

아무튼 수행의 열쇠는 사고 구조의 혁신에 있다. 사고의 힘, 그것을 키우기 위해서는 경전에만 머물지 말고 세상의 문명과도 심도 있는 교류를 해야 한다.

제16장

實無有法分

– 有로 이루어진 세상은 없다 –

爾時 須菩提 白佛言 世尊 善男子善女人 發阿耨多羅三藐三菩提心 云何應住
云何降伏其心 佛告須菩提 若善男子善女人 發阿耨多羅三藐三菩提心者 當
生如是心 我應滅度一切衆生 滅度一切衆生已 而無有一衆生 實滅度者 何以
故 須菩提 若菩薩 有我相人相衆生相壽者相 卽非菩薩 所以者何 須菩提 實
無有法[1] 發阿耨多羅三藐三菩提心者 須菩提 於意云何 如來 於燃燈佛所 有
法 得阿耨多羅三藐三菩提不 不也 世尊 如我解佛所說義 佛於燃燈佛所 無
有法 得阿耨多羅三藐三菩提 佛言 如是如是 須菩提 實無有法 如來得阿耨多
羅三藐三菩提 須菩提 若有法 如來得阿耨多羅三藐三菩提者 燃燈佛 卽不與
我授記[2] 汝於來世 當得作佛 號釋迦牟尼 以實無有法 得阿耨多羅三藐三菩提
是故 燃燈佛 與我授記 作是言 汝於來世 當得作佛 號釋迦牟尼 何以故 如來
[3]者 卽諸法如義[4] 若有人言 如來得阿耨多羅三藐三菩提 須菩提 實無有法 佛
得阿耨多羅三藐三菩提 須菩提 如來所得阿耨多羅三藐三菩提 於是中 無實
無虛 是故 如來說一切法 皆是佛法 須菩提 所言一切法者 卽非一切法 是故
名一切法 須菩提 譬如人身長大 須菩提言 世尊 如來說人身長大 卽爲非大身
是名大身 須菩提 菩薩 亦如是 若作是言 我當滅度無量衆生 卽不名菩薩 何
以故 須菩提 實無有法 名爲菩薩 是故 佛說一切法 無我無人無衆生無壽者
須菩提 若菩薩 作是言 我當莊嚴佛土 是不名菩薩 何以故 如來說莊嚴佛土
者 卽非莊嚴 是名莊嚴 須菩提 若菩薩 通達無我法者 如來說名眞是菩薩

이때 수보리가 부처님께 여쭈어 말하였다.

"세존이시여. 선남자 선녀인이 무상의 깨달음에 대한 원력을 세우려면 마땅히 어느 곳에 마음을 두고, 어떻게 그 마음을 다스려야 합니까?"

부처님께서 말씀하셨다.

"만일 선남자 선녀인이 무상의 깨달음에 대한 원력을 세운다면 마땅히 「내가 반드시 일체중생을 제도하리라」는 – 부처의 – 마음부터 낼지라.

그런데 수보리야, 일체중생을 제도한다지만 사실상 중생이란 단 한 명도 존재하지 않으며, 그렇기에 제도할 바가 없느니라.

왜 그런가 하면 수보리야, 만약 보살에게 아상·인상·중생상·수자상이 있어 – 분별하는 마음이 있다면 – 더 이상 보살이라 할 수 없는 것과 같은 이치이니라.

수보리야, 이게 무슨 말인지 알겠는가? 사실상 무상의 깨달음에 대해 발원할 수 있는 어떤 法도 없느니라.

수보리야, 너는 어떻게 생각하느냐? 여래가 연등불 문하에서 수행할 적에 무상의 깨달음을 얻을 수 있는 어떤 특별한 法이 있었는가?"

수보리가 대답하였다.

"그렇지 않나이다. 세존이시여. 제가 부처님께서 설하신 바의 뜻을 헤아려 보건대, 부처님께서 연등불 문하에서 수행하실 적에 무상의 깨달음을 얻을 수 있는 어떤 법도 없었나이다."

부처님께서 말씀하셨다.

"그러하니라, 수보리야. 사실상 여래가 무상의 깨달음을 얻을 수 있는 어떤 法도 없었느니라.

수보리야, 만일 여래가 무상의 깨달음을 얻을 수 있는 어떤 특별한 法이 있었다면 – 이는 곧 무상의 깨달음이 아닌 것이 되어 – 연등불께서 나에게 「너는 내세에 마땅히 부처가 되어 석가모니로 불릴 것이다」라고 하시며 수기를 내려주시지 않았을 것이니라.

사실상 무상의 깨달음을 얻을 수 있는 法이 없기에 – 이는 곧 무상의 깨달음이 존재하는 것이 되어 – 연등불께서는 나에게 「너는 내세에 부처가 되어 석가모니로 불릴 것이다」라고 말씀하시며 수기를 내려주셨던 것이니라.

왜 무상의 깨달음을 얻을 수 있는 法이 없는가 하면, 여래에게 있어서 모든 法은 곧 자신이 일으키는 뜻(정보)과 같기 때문이니라. – 이처럼 일체 法은 그 자체로 여래이며, 그렇기에 깨달아 여래가 될 어떤 특별한 法이 따로 존재하는 것이 아니니라. –

사람들이 「여래가 무상의 깨달음을 얻었다」고 말을 하지만 수보리야, 실제로 여래가 무상의 깨달음을 얻을 수 있는 어떤 法도 없느니라.

수보리야, 여래가 얻었다는 무상의 깨달음에는 실체도 없고 허상도 없느니라. 그래서 여래가 설하기를, 「일체의 法이 모두 불법이다」라고 하는 것이니라.

수보리야, 일체의 法이라고 말하는 것들은 사실상 일체의 法이 아니기에 일체의 法이라 이름하는 것이니라. 그러므로 수보리야, 비유하여 말하자면 사람의 몸이란 것은 – 일체의 법이 불법인 연고로 – 장대하다고 하는 것이니라."

수보리가 대하여 말하였다.

"세존이시여, 여래께서 설하신 사람의 몸이 장대하다는 것도 사실은 장대한 몸이 아니라 그 이름이 장대한 몸일 따름이옵니다."

부처님께서 말씀하셨다.

"수보리야, 보살 역시 그와 같아 만일 「나는 마땅히 한량없는 중생을 제도하리라」는 생각에 머무름이 있다면 보살이라 부를 수 없느니라.

왜 그런가 하면 수보리야, 실제로는 보살이라 구분 지어 부를 수 있는 法이 없기 때문이니라. 이런 까닭으로 부처가 「일체의 法에는 아상·인상·중생상·수자상이 없다」고 설하는 것이니라.

수보리야, 만일 보살이 「나는 마땅히 불국토 세계를 장엄할 것이다」라는 생각을 품고 있다면 보살이라고 할 수 없느니라. 왜냐하면 여래가 설한 불국토를 장엄한다는 것은 사실상 장엄이 아닌 이름만 그렇게 부르는 것이기 때문이니라.

수보리야, 만일 어떤 수행자가 무아無我의 법에 통달한다면 여래가 「진실한 보살이로다」라고 말할 것이니라."

註1. 실무유법/實無有法 : '有'로 이루어진 세상은 없다는 뜻이다. 불경에서는 흔히 有를 대신하여 色이나 相, 形… 등을 언급하는데, 가장 정확한 표현은 역시 有이다. 有와 無의 용어를 쓰지 않으면 그만큼 깨달음의 길이 모호하게 된다.

註2. 수기/授記 : 수기란 성불에 대한 약속이다. 이는 미래에 성불을 이루게 될 것이라는 예언이 아니다. 연등불께서 제자로 있는 세존의 재목과 원력을 통찰하고 성불을 이루도록 이끌 것에 대한 굳건한 약속이 곧 수기이다.

註3. 여래/如來 : 如(여)는 삼라만상이 하나라는 뜻으로, 곧 '절대'를 말한다. 來(래)는 절대에서 일어난 '상대'를 말한다. 따라서 여래란 절대와 상대의 통합으로 존재하는 모든 것을 뜻한다. 한마디로 실존(實存)이다.

註4. 제법여의/諸法如義 : 義(의)는 意(의)와 같은 뜻으로 쓰였다. '제법은 뜻과 같다'는 말로, 일체유심조(一切唯心造)와 상통한다. 여기서 '뜻'을 좀 더 구체적으로 표현하면 '정보'이다.

解義

흔히 중생들은 세상을 有라고 알고 있다. 그런데 사실 세상은 有가 아니다. 有가 아니면 대관절 뭐란 말인가?

세상은 그 구성 성분이 어떻든 분명히 존재하는 것으로 보인다. 존재한다면 有가 틀림없을 것이다. 그런데 사실상 有가 아니다. 有란 것은 존재한 적이 없고 앞으로도 영원히 존재할 수 없다.

중생이란 별것이 아니다. 세상을 有라고 생각하기 때문에 중생이다. 有라고 생각하는 동시에 피조물이 되면서 중생이 되고 만다. 부처란 것도 별것이 아니다. 세상을 有로 보지 않기에 부처이다. 세상이 有가 아니기에 스스로 존재하며 영원불변한다.

이처럼 부처와 중생은 有에 대한 인식의 차이에서 발생한다. 이 말이 궤변처럼 들리겠지만 사실이 그렇다. 아마 혹자는 눈앞에 짚이는 아무 것이나 들고, '그럼 이건 有가 아니면 뭐냐?'고 반문할지도 모르겠다.

형상 있는 모든 것들이 有처럼 보이는 有力의 일종이라고 하면 믿겠는가? 더 정확히 말하면 그건 有도 無도 아닌 그저 정보의 일종일 따름이다. 정보 역시

有의 부류에 속하는 게 아니냐고 또다시 의혹을 제기할 수도 있겠다. 계속해서 有에 관한 집착을 놓지 못하는 건 그만큼 분별의 힘이 큰 까닭이다.

有란 것은 無 없이 독립적으로 존재할 수 없다. 길고 짧은 것이 따로 존재할 수 없는 것과 같은 이유이다. 有와 無는 공존하며 이것을 空이라고 부른다. 空의 인연에 따라 그 모습을 드러낸 것이 有이다. 그래서 有란 것은 마치 있는 것처럼 보이지만 실제로는 있지 않은 환유幻有이다.

有를 환유로 보지 않으면 피조물에 갇히고 만다. 有가 有로 보이면 중생 구제의 길은 없다. 깨달음의 길도 없다. 有가 환유로 보이고 나아가 空으로 보일 때 비로소 깨달음의 길이 열리게 된다.

一風泉月碎
警投身撈之
本是無存空
浮生見波煩
月兮不可分
坐處則涅槃

한 줄기 바람에 물 위의 달 부서지고
깜짝 놀라 몸을 던져 건져내려 하누나.
달은 본래 존재 않는 空이거늘
중생들은 물결 보며 고뇌에 싸여 있네.
달이여, 너는 실허實虛로 못 나누나니
지금 앉은 자리가 곧 열반이로다.

제17장

無住無別分

− 머무름이 없어 구분할 바가 없다 −

須菩提於意云何 如來 有肉眼[1]不 如是 世尊 如來 有肉眼 須菩提於意云何 如
來 有天眼[2]不 如是世尊 如來 有天眼 須菩提於意云何 如來有慧眼[3]不 如是
世尊如來 有慧眼 須菩提於意云何 如來 有法眼[4]不 如是 世尊 如來 有法眼
須菩提 於意云何 如來 有佛眼[5]不 如是 世尊 如來 有佛眼 須菩提 於意云何
如恒河中所有沙 佛說是沙不 如是 世尊 如來說是沙 須菩提 於意云何 如一
恒河中所有沙 有如是沙等恒河 是諸恒河所有沙數 佛世界 如是 寧爲多不 甚
多 世尊 佛告須菩提 爾所國土中 所有衆生 若干種心 如來悉知 何以故 如來
說諸心 皆爲非心 是名爲心 所以者何 須菩提 過去心不可得 現在心不可得
未來心不可得

"수보리야, 네 생각은 어떠한가? 여래가 육안肉眼을 지녔는가?"

"그러하옵니다 세존이시여. 여래는 육안을 지니고 있나이다."

"수보리야, 네 생각은 어떠한가? 여래가 천안天眼을 지녔는가?"

"그러하옵니다. 세존이시여. 여래는 천안을 지니고 있나이다."

"수보리야, 네 생각은 어떠한가? 여래가 혜안慧眼을 지녔는가?"

"그러하옵니다. 세존이시여. 여래는 혜안을 지니고 있나이다."

"수보리야, 네 생각은 어떠한가? 여래가 법안法眼을 지녔는가?"

"그러하옵니다. 세존이시여. 여래는 법안을 지니고 있나이다."

"수보리야, 네 생각은 어떠한가? 여래가 불안佛眼을 지녔는가?"

"그러하옵니다. 세존이시여. 여래는 불안을 지니고 있나이다."

– "그러하니라. 여래는 모든 눈을 다 지녔기에 어느 것에도 머무름이 없이 하나로 보게 되느니라."

"수보리야 네 생각은 어떠한가? 항하에 있는 모래에 대해 여래가 설한 바가 있느냐?"

"그러하옵니다. 세존이시여. 여래가 그 모래에 대해 설한 바가 있나이다."

"수보리야, 네 생각은 어떠한가? 항하에 있는 모래 수만큼의 항하가 있고, 다시 그 항하들에 있는 모래 수만큼의 불국토 세상이 있다면 참으로 많다고 하겠느냐?"

"심히 많나이다. 세존이시여."

부처님께서 이에 다시 말씀하셨다.

"그렇게 많은 세상에 사는 중생들의 마음을 이루는 몇 가지 근원적 속성을 여래는 환히 알고 있나니, 왜냐하면 여래가 설한 일체의 마음이란 것은 사실상 마음이 아니며, 그것은 단지 그 이름이 마음일 뿐이기 때문이니라.

이게 무슨 뜻인가 하면 수보리야, 과거의 마음을 얻을 수 없고, 현재의 마음을 얻을 수 없고, 미래의 마음을 얻을 수 없는 이치이니라."

– 이처럼 마음이란 것은 그 실체가 없어 虛하고, 없는 듯 있으니 空한 것이니라.

註1. 육안/肉眼 : 모든 것을 개체를 중심으로 주관적으로 보는 시각을 말하는데, 이렇게 보는 것이 쌓여 아상(我相)이 된다.

註2. 천안/天眼 : 개체를 벗어나 외계(外界)를 중심으로 객관적으로 보는 시각을 말하는데, 이렇게 보는 것이 쌓여 인상(人相)이 된다.

註3. 혜안/慧眼 : 실존(實存)에 대한 이(利)와 해(害)를 기준으로 보는 시각을 말하는데, 이렇게 보는 것이 쌓여 중생상(衆生相)이 된다.

註4. 법안/法眼 : 실존(實存)으로만 보는 시각을 말하는데, 이렇게 보는 것이 쌓여 수자상(壽者相)이 된다.

註5. 불안/佛眼 : 육안, 천안, 혜안, 법안으로 보는 것도 아니고 보지 않는 것도 아닌, 일체의 분별에 구애받지 않고 보는 시각을 말한다. 이렇게 볼 줄 알 때에 비로소 성불을 이루게 된다.

解義

외부에서 오감을 통해 정보가 들어오면 우리의 뇌 속에서 일련의 처리 과정을 거치면서 실재와 다르게 구성된다. 여기에는 크게 감각 왜곡(sensory distortion)과 잘못된 지각(false perception)이 있다. 우리의 인식 구조는 이처럼 실재實在를 볼 수 없는 구조로 짜여 있고, 그래서 시각은 물론이고 청각, 후각, 미각, 촉각 등도 뇌에서 만들어내는 상상의 일종이 되고 만다.

따라서 오감으로 느껴지는 모든 것들이 뇌가 정보를 조합하여 만든 상상임을 직시하고, 그것으로부터 초연해지는 훈련이 필요하다. 이뿐만 아니라 실재라고 생각되는 외계의 모든 것들 역시 그 속성은 정보 사슬이 엮어 만든 신기루에 불과하다는 점을 바로 인식해야 한다.

대개 물질의 최소 단위를, 원자를 구성하는 쿼크(quark) 입자에서 찾지만 그것 역시 쪼개고 부숴 들어가면 결국엔 정보밖엔 남지 않게 된다. 물질이라는 어떤 실재가 있는 것이 아니라, 그것을 나타내게 하는 정보만이 헹하니 놓여 있게 되는 것이다.

인간이 지각하는 모든 것과 그것에 영향을 주는 외계의 물질들의 실체가 일종의 정보 다발에 불과하다는 점을 바로 인식하게 되면 분별적 사고에서 정보적 사고로 바뀌게 된다. 이렇게 되면 삼라만상 모든 것이 空 아닌 게 없음을 깨닫게 되면서 인간의 사고 체계가 우주적 대아大我로 거듭나게 된다. 본 장은 바로 인식의 구조에 의해 깨달음이 열리게 된다는 점을 분명히 가르치고 있다.

그런데 실제로 깨닫고 나면 空 아닌 게 없나? 有도 아니고 無도 아니고 空만 존재하는가? 그럼 그 空은 존재하는 것이니 도로 有가 아닌가?

有力, 無力, 정보, 제3의 존재… 같은 미사여구를 아무리 붙여도, 그것이 존재한다면 당연히 有가 될 것이다. 그런데 실제로 有가 맞는가?

지금 당신은 有와 無와 空에 단단히 속고 있다. 속지 않게 되는 순간, 비로소 깨달음이 열린다.

제18장

忘色越相分

— 色을 잊고 相을 넘어라 —

須菩提 於意云何 若有人 滿三千大千世界七寶 以用布施 是人 以是因緣 得
福多不 如是 世尊 此人 以是因緣 得福 甚多 須菩提 若福德 有實 如來 不說
得福德多 以福德無故 如來 說得福德多 須菩提 於意云何 佛可以具足色身
見不 不也 世尊 如來 不應以具足色身 見 何以故 如來 說具足色身 卽非具足
色身 是名具足色身 須菩提 於意云何 如來 可以具足諸相 見不 不也 世尊 如
來 不應以具足諸相 見 何以故 如來 說諸相具足 卽非具足 是名諸相具足

"수보리야, 네 생각은 어떠한가? 만일 어떤 사람이 있어서 삼천대천세계를
칠보로써 가득 채워 보시한다면, 이 사람은 이런 인연으로 말미암아 얻어지
는 복덕이 많겠는가?"

"그러하나이다, 세존이시여. 이 사람은 그런 인연으로 말미암아 얻어지는
복덕이 심히 많나이다."

"수보리야, 만일 복덕의 실체가 있다면 여래가 「복덕을 얻을 바가 많다」고
설하지 않을 것이나니, 사실 복덕의 실체가 없기 때문에 여래가 「복덕을 얻을
바가 많다」고 설하는 것이니라."

— 부처님께서 다시 말씀하셨다. —

"수보리야, 네 생각은 어떠한가? 가히 잘 갖춰진 신체의 특징으로써 여래를
볼 수 있겠는가?

"그렇지 않나이다. 세존이시여. 여래는 그런 잘 갖춰진 신체의 특징으로써

볼 수 없나이다. 왜 그런가 하면, 여래께서 설하신 잘 갖춰진 신체의 특징이란 어떤 실체가 있는 것이 아니라 그저 이름이 그럴 뿐이기 때문이옵니다."

　"수보리 네 생각은 어떠한가? 가히 모든 상相을 두루 갖춘 것으로써 여래를 볼 수 있겠는가?"

　"그렇지 않나이다. 세존이시여. 모든 상相을 두루 갖춘 것으로써 여래를 볼 수 없나이다. 왜 그런가 하면, 여래께서 설하신「모든 상相을 두루 갖췄다」는 것은 정말로 두루 갖춘 것이 아니라 그 이름이 그럴 뿐이기 때문이옵니다."

解義

 예로부터 신언서판身言書判이라 하여 사람을 판단하는 데에 그 첫머리로 얼굴을 비롯한 신체적 특징을 살폈다. 왜 그런가 하면, 사람의 마음을 알아가는 데는 그만큼 오랜 시간이 필요하기에, 우선 그 마음을 담고 있는 그릇의 형태부터 살펴 대략적이나마 내면을 가늠하려 한 것이다.

 그런데 겉과 속이 어떤 관련이 있기는 한 것인가?

 어떤 물건을 포장할 때, 귀중한 물건이라도 싸구려 포장지로 대충 쌀 수 있다. 그런데 사람의 마음은 그것이 겉으로 우러나오기에 물건처럼 내용물과 겉표지가 따로 놀기 어렵다. 어느 정도 연관을 지으며 심신이 일체이용一體二用으로 존재하는 것이다. 이 점에 착안하여 겉을 살펴 내면을 관하는 것이 바로 관상觀相이다.

 그렇다면 부처의 관상은 어떨까?

 부처만큼 관상을 보기 어려운 대상은 없다. 왜냐하면 부처는 어떤 한 성질에 머물러 있는 법이 없기 때문이다. 아상·인상·중생상·수자상을 모두 지니고 있으면서도 아상·인상·중생상·수자상이 전혀 없는 존재가 부처이니, 어찌 관상을 제대로 볼 수 있겠는가!

 천의 얼굴을 지니고 있으면서도 늘 공空한 상태로 머무르는 부처이기에 어떤 신체적 특징을 논한다는 것은 그 자체로 모순이다. 그럼에도 당시 세존이 생존할 당시의 사회는 신체적 특징으로써 귀하고 천한 것을 구분하는 문화가 팽배했고, 그래서 세존은 본 장에서 그들이 즐겨 쓰는 문화의 일면을 예로 들어 그 실체의 공허함을 일깨우고 있다.

夢中山非幻

醒上水非實

本不在夢醒

眼閉空自分

若越分別識

開眼以空見

歸一無生死

꿈속의 산, 환상이 아니고

깨어나 보는 물, 역시 실재實在가 아니라.

본래 잠들고 깬 것 없으니

눈이 가려 공연히 가르는 것을….

분별하는 마음을 넘어설 수 있다면

닫혔던 눈이 열려 空으로 보게 되고,

본처로 돌아가 나고 죽음이 없게 되리라.

제19장

衆生無存分

– 중생이란 존재하지 않는다 –

須菩提 汝勿謂如來作是念 我當有所說法 莫作是念 何以故 若人言 如來有
所說法 即爲謗佛 不能解我所說故 須菩提 說法者 無法可說 是名說法 爾時
慧命須菩提 白佛言 世尊 頗有衆生 於未來世 聞說是法 生信心不 佛言 須菩
提 彼非衆生 非不衆生 何以故 須菩提 衆生衆生者 如來說非衆生 是名衆生

"수보리야, 「여래는 자신이 설한 法이 있다고 생각한다」고 여기지 말지라. 이
런 생각 자체를 하지 말지니, 왜 그런가 하면 어떤 사람이 「여래가 설한 法이
있다」고 말한다면, 이는 곧 내가 설한 바를 이해하지 못한 것이며 또한 여래
를 욕보이는 것이기 때문이니라.

수보리야, 法을 설한다는 것은 法이 없기에 가히 설할 수 있고, 그렇기에 이
름을 설법說法이라 할 수 있는 것이니라."

이때 지혜로운 수보리가 부처님께 여쭈어 말하였다.

"세존이시여. 어떤 중생이 미래의 세상에서 이런 – 어렵고도 심오한 – 법문을
듣고 믿는 마음이 생기겠나이까?"

부처님께서 말씀하셨다.

"수보리야, 저들은 중생이 아니고 중생이 아닌 것도 아니니라. 왜 그런가 하
면 수보리야, 중생 중생 말들을 하는데, 여래가 말하나니 그들은 중생이 아
니라 그 이름이 중생인 것이니라."

解義

　부처와 중생은 외계의 정보[29)]를 받아들이는 오감五感의 구조에 있어서 동일하다. 둘 사이에 차이가 있다면 그것은 어떤 정보에 초점을 맞추고 또한 그것을 어떻게 해석하느냐이다. 신경과학에서는 전자를 지각(知覺, perception), 후자를 인식(認識, cognition)이라 한다.

　부처는 지각에 자유로워 시공이 넓고 외계에서 들어오는 정보를 空으로 인식한다. 반면에 중생은 지각이 고정되어 시공이 좁고 외계에서 들어오는 정보를 有로 인식한다.

　중생은 아집我執으로 걸러진 편협한 정보를 有로 해석하기에 만물과 단절되어 파편으로 살아간다. 그래서 어쩔 수 없이 생로병사의 수레바퀴에 매이게 된다. 하지만 부처는 순수한 공명共鳴에서 들어오는 개방된 정보를 空으로 해석하기에 만물과 일체를 이루며 살아간다. 그래서 나고 죽음이 없으면서 무한한 변화를 즐긴다. 창조를 이루며 영원히 존재하니, 이런 부처의 삶을 일컬어 열반이라 한다.

　이처럼 지각과 인식의 차이에 의해 부처와 중생은 나뉘고, 이런 이유로 「부처의 눈엔 부처만 보이고, 중생의 눈엔 중생만 보인다」는 말도 나오게 된다.

　실제로 깨달은 자의 눈엔 중생이란 단 한 명도 존재하지 않는다. 제도할 대상이 없고 제도하기 위해 쓰는 法이란 것도 없다. 존재하는 모든 것이 空이면서 열반인 까닭이다.

　그렇다면 어떻게 해야 부처처럼 지각하고 인식할 수 있는가?

이 질문은 성불의 지름길을 묻는 것이다. 그런데 사실 세상에 깨달음을 얻어 부처가 되는 것만큼 쉬운 것은 존재하지 않는다. 억지로 비교하자면 눈꺼풀을 한 번 내렸다 올리는 정도랄까.

길을 걷다가 한쪽 모퉁이에 들꽃이 흐드러지게 피어 있는 광경을 떠올려 보자. 고운 빛깔과 그윽한 향기에 취해 잠시 발걸음을 멈추고 시선을 집중했다. 중생이란 바로 이런 상태이다. 부처가 촌각의 시간 동안 분별에 빠져 자신의 존재를 잊고 있는 것이다. 따라서 다시 부처로 돌아가려 애쓰지 않아도 감상의 시간이 지나면 저절로 원 모습을 되찾게 된다. 얼마 뒤 나그네가 들꽃에 흥미를 잃고 가던 길을 계속 가듯이 말이다.

하지만 그 촌각의 시간[30]이 우주의 시간대로 보면 너무 길다. 그래서 분별에서 미리 빠져 나오려는 움직임이 생겨났고, 그중 극히 일부가 성공하여 부처가 되었다.

나그네의 원 모습이 된 자는 다른 나그네들이 들꽃에 심취해 있는 광경을 보면서 어떤 생각을 가질까? 부처들이 잠깐 동안 분별을 감상하고 있는 모습인데, 이런 걸 가지고 중생구제니 대오각성大悟覺性이니 정혜쌍수定慧雙修니… 하며 그들의 손을 잡아 끌 것인가?

부처의 눈엔 중생이 보이지 않는다. 다만 잠시 분별에 집중하고 있는 부처들만 있을 뿐이다. 그들 가운데 적잖은 수가 분별에 너무 빠지다 보니 스스로 괴로움을 토로하고 있다. 적당히 감상하다 시선을 돌리면 되는데, 그 방법을 깜빡 잊어버린 것이다.

그래서 분별에서 그만 머무르라며 잔소리 몇 마디 하게 되는데, 그것이 소위 말하는 불법이다. 그래서 불법의 실체가 딱히 뭐라고 정해져 있는 것이 아니고, 어떤 공식에 의한 난해함을 잔뜩 지니고 있는 것도 아니다. 이제 그만 정신 차리라는 딱 한마디 한 것이 전부이다.

그래서 세상에 불법만큼 쉬운 건 없다. 정신을 차려 원래의 모습, 부처로 돌아오면 되니 말이다. 그런데 기이한 일이 발생했다. 그것이 너무 쉽다 보니 정신 차리는 자들이 거의 없게 된 것이다.

가령, '나는 누구인가?' 화두 하나만 풀어도 정신이 차려진다. 부처의 본래 모습으로 복귀하는 것이다. 하지만 이 쉬운 화두를 푸는 이는 거의 없다. 자고이래自古以來로 깨달았다는 숱한 고승들 역시 그 실체를 파헤쳐 보면 그렇지 않은 경우가 상당수다.

한 소식 들었다는 수행자들의 말을 보면, 「답이 없다」, 「無이다」, 「문제가 잘못됐다」, 「나는 부처이다」, 「나는 존재하지 않는다. 그래서 영원하다」, 「지금 '나'라고 생각하는 건 가아假我이다. 진아眞我는 空이며 그래서 부처이다」, 「나는 일종의 정보덩어리다. 정보가 흩어지면 진짜 나가 남는다. 그것은 삼라만상의 바탕이며 부처의 본래 모습이다」… 등등 짧고 긴 수많은 답을 낸다. 하지만 이런 식의 답을 백날 한들 깨달음이란 없다. 분별의 조합을 통한 답은 설령 그것이 정답에 가까워도 아무런 효력이 없기 때문이다.

세존은 이미 「중생=부처」라는 답을 내렸다. 따라서 '나는 누구인가?'의 화두의 답은 그것을 설명하는 것들이 된다. 하지만 들꽃을 감상하고 있는 나 그네가 수만 번 '나는 부처이다'를 외친들 그게 깨달음에 무슨 소용이란 말인가. 분별 속에서 분별을 가지고 풀어서는 화두의 답을 얻을 수 없다. 중요한 건 그가 들꽃에서 고개를 돌려 가던 길을 가는 것이다.

깨닫고 나면 고개를 돌려 제자리로 돌아오는 것만큼 쉬운 건 없다. 이것을 못 하는 이유는 분별의 문제를 분별로써 해결하려 하기 때문이다. 이것이 수행자의 발목을 잡는 가장 커다란 요인이며, 그래서 세존이 본 경經을 통해 모든 분별을 걷어낼 것을 반복해서 가르치는 것이다. 그런데 분별을 하지 않는 것도 분별이라는 사실을 아는 이가 드물다.

제20장

無覺可得分

– 얻을 수 있는 깨달음이란 없다 –

須菩提 白佛言 世尊 佛得阿耨多羅三藐三菩提 爲無所得耶 佛言 如是如是
須菩提 我於阿耨多羅三藐三菩提 乃至無有少法可得 是名阿耨多羅三藐三
菩提 復次須菩提 是法 平等 無有高下 是名阿耨多羅三藐三菩提 以無我無
人無衆生無壽者 修一切善法 即得阿耨多羅三藐三菩提 須菩提 所言善法者
如來說卽非善法 是名善法 須菩提 若三千大千世界中 所有諸須彌山王 如是
等七寶聚 有人 持用布施 若人 以此般若波羅蜜經 乃至四句偈等 受持讀誦
爲他人說 於前福德 百分不及一 百千萬億分 乃至算數譬喩 所不能及

수보리가 부처님께 여쭈어 말하였다.

"세존이시여, 여래께서 – 무상의 깨달음이라는 – 아뇩다라삼먁삼보리를 얻으
셨다지만 사실은 추호도 얻은 바가 없다고 생각되옵니다."

부처님께서 말씀하셨다.

"그러하니라. 실로 그러하니라. 수보리야, 나는 무상의 깨달음에 대해 조금
도 얻은 바가 없나니, 단지 이름만 무상의 깨달음이라고 부를 뿐이니라."

부처님께서 다시 말씀하셨다.

"이 법은 평등해서 높고 낮음이 없나니, 그저 이름만 아뇩다라삼먁삼보리
라고 지은 것이니라. 아상·인상·중생상·수자상에 구애됨이 없이 일체의 선
법善法을 닦으면 반드시 아뇩다라삼먁삼보리를 성취하게 되리라.

수보리야, 내가 말한 선법이란 것은 익히 말했듯 선법이 아니라 그 이름이

선법일 뿐이니라.

　수보리야, 만일 삼천대천세계에서 제일 높고 큰 수미산만큼의 칠보를 취해 보시하더라도, 다른 어떤 사람이 이 경전의 사구게 정도만 취해 독송하고 남을 위해 설한다면 그 공덕이 칠보로써 보시한 것보다 크니라.

　전자의 공덕은 후자의 것에 백분의 1에도 미치지 못하며, 백·천·억만 분의 1에도 미치지 못하나니, 수효나 비유로써는 도저히 견줄 수 없는 것이니라."

註1. 선법/善法 : 깨달음에 도움이 되는 일체의 언행이나 수행을 가리킨다.

解義

깨달음이란 무엇인가?

세존의 말을 빌리면 그것은 어떤 새로운 것을 성취하는 것이 아니라, 분별에 취해 깜박 잊고 있던 자신의 본성을 되찾은 것이다. 없던 것이 새롭게 생겨나는 것이 아니라 무명無明에 감춰졌던 제 모습을 환히 드러내는 것뿐이다.

이런 점에서 보면 삼라만상 모든 것은 제 본래의 성품인 불성을 고스란히 간직하고 있는 셈이다. 다시 말해 부처 아닌 것이 없고 따라서 깨달음의 실체도 없고 그것을 얻을 바도 없게 된다.

그렇다면 깨달음을 이루었다는 부처의 의식 세계는 구체적으로 어떨까?

세존은 자신이 아뇩다라삼먁삼보리를 얻어 영원불멸하는 부처가 됐음을 인식하고 있을까? 그래서 그는 자신처럼 되지 못한 중생들을 바라보면서 그들을 교화하여 깨달음의 길로 인도하려는 마음을 지니고 있을까?

그렇지 않다는 점에 대해서는 『금강경』 전편에 걸쳐 무수히 들었다. 깨달음에 대한 인식과 중생 구제에 대한 자비심조차 뛰어넘었다면, 마치 구름에 둥둥 떠 있는 것과 같은 초월심에 휩싸여 있지는 않을까?

이것도 한쪽에 편중된 것이 되어 본 경經에서 말하는 부처의 상태라 할 수 없다. 부처는 일체의 법에 걸림이 없고, 중생과 부처라는 인식조차 없는 중도中道의 상태에 머물러 있어야 한다. 그래서 해탈이라 하지 않던가.

그렇다면 이런 해탈의 경지에 대해 보다 구체적으로 알 수는 없을까?

머릿속에 실존에 대한 의문이 전혀 남아 있지 않은 상태, 즉 전지全知에 이르면 저절로 모든 것을 내려놓고 해탈에 이르게 된다. 해탈이란 법法과 비법非法의 사슬에서 풀려나면서 부처와 중생의 구분이 뇌리에서 완전히 사라져 버린 상태다. 이렇게 되면 아상·인상·중생상·수자상이 있는 것도 아니고 없는 것도 아니게 된다. 이처럼 일체의 머무름이 없게 되면 모든 것과 단절되어 절대絶對의 경계 속으로 녹아들게 된다.

 그런데 여기서 주의할 것은 상대와 대비되는 절대는 성립하지 않는다는 점이다. 상대와 거리를 두는 절대는 그 자체로 절대성을 잃기 때문이다. 그래서 응무소주應無所住 뒤에 이생기심而生其心이 따라붙고, 색즉시공色卽是空이며 공즉시색空卽是色이 되는 것이다. 그래야만 상대와 절대 자체에도 걸림이 없게 되어 진정한 해탈의 경지에 다다를 수 있다.

 이렇게 되면 어떤 특출난 모습으로 존재하는 것이 아니라 세상 그 무엇보다 평범하게 된다. 앞서 「깃발에 얽힌 선문답」에 나온 밭 가는 농부처럼 말이다. 흔히 평범하기에 중생이라 하지만 중생은 결코 평범하지 않다. 알고 보면 중생만큼 독특하고 유별난 존재도 없다. 왜냐, 아상我相이 큰 것에 비례해서 자신만의 특성이 두드러지기 때문이다. 그래서 평범은 부처만이 누릴 수 있는 경지이다.

 삼라만상이 한 덩어리가 되어 분별이 종식될 때 비로소 해탈하여 평범한 경지, 대각大覺에 이르게 된다. 평범…, 그것은 삼라만상 모든 것이 다 부처가 되는 사사무애事事無碍의 경지에서 나온다. 성聖과 속俗에 구애됨이 없이 무위無爲로 둥글어 가니, 절대絶對이고 참된 부처의 자리이다.

제21장

佛無諸相分

- 부처는 어떤 相도 없다 -

須菩提 於意云何 汝等 勿謂如來作是念 我當度衆生 須菩提 莫作是念 何以
故 實無有衆生 如來度者 若有衆生 如來度者 如來 即有我人衆生壽者 須菩
提 如來說有我者 即非有我 而凡夫之人 以爲有我 須菩提 凡夫者 如來說即
非凡夫 是名凡夫 須菩提 於意云何 可以三十二相 觀如來不 須菩提言 如是
如是 以三十二相 觀如來 佛言 須菩提 若以三十二相 觀如來者 轉輪聖王[1] 即
時如來 須菩提 白佛言 世尊 如我解佛所說義 不應以三十二相 觀如來 爾時
世尊 而說偈言 若以色見我 以音聲求我 是人行邪道 不能見如來

"수보리야, 네 생각은 어떠한가? - 혹시라도 - 여래가 「중생을 마땅히 제도
해야 한다」는 생각을 일으킨다고 말하지 말지라.

수보리야, 이런 생각 자체를 하지 말지니, 왜 그런가 하면 사실상 중생이란
존재하지 않기 때문이니라. 만일 여래가 제도한 중생이 있다면, 여래에게 아
상·인상·중생상·수자상이 있는 꼴이 될 것이니라.

수보리야, 여래가 '나'가 있다는 식으로 설해도, 사실은 '나'가 있는 것이 아
니니라. 그저 범부들이 '나'가 있다고 여기는 것이니라. 수보리야, 지금 내가
범부라고 말은 했지만 사실상 범부가 아니며, 그 이름이 범부일 뿐이니라.

수보리야, 네 생각은 어떠한가? 32相을 살핌으로써 여래를 볼 수 있겠느
냐?"

"그러하나이다. 32相으로서 여래를 볼 수 있나이다."

"수보리야, 만일 32相으로써 여래를 볼 수 있다면 전륜성왕도 – 32相이 있으니 – 여래일 것이니라."

수보리가 부처님께 말하였다.

"세존이시여, 제가 부처님께서 설하신 法의 뜻을 다시 헤아려 보건대, 32相으로써 여래를 볼 수 없겠나이다."

이때 부처님께서 게송을 읊어 말씀하셨다.

"형상으로써 '나'를 보고, 소리로써 '나'를 구한다면 이런 사람은 그릇된 길을 가고 있나니, 어찌 여래를 볼 수 있으리오!"

註1. 전륜성왕/轉輪聖王 : 무수한 천상세계에서 일정 영역을 다스리는 상제를 가리킨다. 천신 중에서도 영력이 높은 천신으로, 흔히 천군, 천왕, 천존…등으로도 불린다.

解義

꿈꾸는 것과 깨어 있는 것이 똑같지는 않지만 그 구조는 매우 유사하다. 꿈은 기존의 재료에 상상을 더해 이미지를 그리는 것에 비해, 현실은 좀 더 구체적인 재료에 기존의 정보와 상상을 더해 이미지를 만든다는 차이가 있다.

뇌는 쉴 때면 꿈을 꾸고, 깨어나서는 보다 구체적인 현실이라는 환유幻有[31]를 가공한다. 따라서 이미지를 만드는 재료가 싱싱한지 아니면 좀 묵었는지의 차이에 의해 현실과 꿈은 나뉜다. 이렇게 보면 현실과 꿈은 별개가 아니다.

삼라만상 모든 것은 정보로 가득 차 있다. 뇌는 그 정보를 가지고 현실이라는 이미지를 만들고, 스스로 有(있는 것)라 여기게 된다. 有로 보는 순간 우리의 의식은 분별로 가득 차고, 너와 나로 구분하면서 피조물인 중생이 된다.

이처럼 중생이란 뇌가 꾸며낸 것을 현실로 믿게 되면서 생겨난다. 그래서 현실이 실재가 아닌 꿈이라는 사실을 직시할 때, 여기서 깨어나려는 모종의 움직임이 싹튼다. 이것이 소위 말하는 수행이다.

깨어나기 위해서는 우선적으로 뇌가 만들어낸 가공의 현실에 도취되지 않고, 있는 그대로 보는 데서 출발해야 한다. 그래서 정관법正觀法으로 알려진 위빠사나(Vipassana)도 있는 것이다. 이렇게 꿈 깨는 수행을 이어 나가다 보면 『금강경』에서 말하듯 아상我相·인상人相·중생상衆生相·수자상壽者相이 없으면서도 있는 경지에 이르게 된다. 이것이 무슨 말인가 하면, 부처는 실존과 허상에 대한 분별조차 없다는 뜻이다.

부처는 상대계와 절대계의 구분마저 초월하여 그 어떤 것에도 걸림이 없는 경지에 머무른다. 그래서 부처는 어떤 때는 중생이고 어떤 때는 부처가 된다. 중생과 부처에 대한 분별이 전혀 없기에 해탈이라 한다. 이처럼 일체의 분별이 없는 부처이기에 제도할 중생이 없고 그들을 제도할 法도 없다. 그러니 얻을 깨달음이란 것도 없다.

그렇다면 왜 세존은 수보리를 비롯하여 수많은 비구들을 모아 놓고 法을 설하고 있는가? 그 자체로 法에 대한 인식도 있고 중생 제도에 대한 원력도 지니고 있는 게 아닌가?

세존은 누차에 걸쳐 相에도 非相에도 집착하지 말라고 했다. 세존이 法을 설하고 중생을 제도해도 그의 의식에 머무름이 없으면 法을 설한 것도 중생을 제도한 것도 아니다. 그렇다고 세존이 아무것도 안 한 것은 아니다. 세존은 머무름 없는 行, 다시 말해 응무소주應無所住 이생기심而生其心을 허공에 드리우며 존재 의미를 만끽하고 있다. 그래서 해탈이면서도 열반이다.

제22장

不滅永存分

– 소멸하지 않고 영원히 존재하다 –

須菩提 汝若作是念 如來 不以具足相故 得阿耨多羅三藐三菩提 須菩提 莫
作是念 如來 不以具足相故 得阿耨多羅三藐三菩提 須菩提 汝若作是念 發阿
耨多羅三藐三菩提心者 說諸法斷滅 莫作是念 何以故 發阿耨多羅三藐三菩
提心者 於法 不說斷滅相¹ 須菩提 若菩薩 以滿恒河沙等世界七寶 持用布施
若復有人 知一切法無我 得成於忍² 此菩薩 勝前菩薩 所得功德 何以故 須菩
提 以諸菩薩 不受福德故 須菩提 白佛言 世尊 云何菩薩 不受福德 須菩提 菩
薩 所作福德 不應貪着 是故 說不受福德 須菩提 若有人 言 如來 若來若去
若坐若臥 是人 不解我所說義 何以故 如來者 無所從來 亦無所去 故名如來

"수보리야, 네가 만일 「여래가 구족상(32相)을 갖췄기에 아뇩다라삼먁삼보
리를 얻은 것은 아니라」고 생각한다면, 「여래가 구족상(32相)을 갖췄기에 아
뇩다라삼먁삼보리를 얻은 것은 아니라」는 생각을 내지 말지라.

아뇩다라삼먁삼보리에 대해 발원하는 자라면 으레 「모든 법이 결국에는
끊어져 소멸한다」고 말하겠거니 예단하지 말지라. 왜 그런가 하면, 아뇩다라
삼먁삼보리에 대해 발원하는 자는 – 法 자체가 존재하지 않기에 – 일체의 법이
끊어져 소멸한다고 말하지 않느니라.

수보리야, 만일 어떤 수행자가 항하의 모래 수처럼 많은 세상을 칠보로써
가득 채워 보시하고, 다시 어떤 사람이 일체의 법에 '나'라고 특징 지을 만한
것이 없음을 깨달아 '나'라는 구분에 의해 발생하는 분별심이 줄어든다면, 이

수행자가 앞서 말한 수행자보다 공덕이 큰 것이니라.

 왜 그런가 하면 수보리야, 모든 수행자는 사실상 복덕이란 것을 받는 일이 없기 때문이니라.”

 수보리가 부처님께 여쭈어 말하였다.

 “세존이시여, 수행자들이 어찌하여 복덕을 받는 일이 없다고 하시나이까?”

 “수보리야, 수행자란 모름지기 복덕을 받아도 그것을 탐하는 마음이 일어나지 않기에, 내가 그들은 복덕을 받지 않는다고 한 것이니라.

 수보리야, 만일 어떤 사람이 「여래는 오는 것도 같고, 가는 것도 같고, 앉은 것도 같고, 누운 것도 같다」고 말한다면, 이 사람은 내가 설한 바의 뜻을 이해하지 못한 것이니라. 왜 그런가 하면, 여래란 오는 바도 없고 가는 바도 없기에 여래라 이름하는 것이기 때문이니라.”

註1. 단멸상/斷滅相 : 일체의 분별이 끊어지고 소멸되어 空으로 머무른다는 생각.

註2. 인/忍 : '나'라는 경계망을 느슨하게 하는 일. 참을 수 있다는 것은 그만큼 '나'에 대한 집착이 줄어들어 있음을 뜻한다. 참는 만큼 '나'의 개체성은 소멸하고, 나아가 참는다는 사실 자체도 없게 되면서 초월을 이루게 된다. 참음에는 작위(作爲)의 분별이 잔뜩 끼어 있지만, 이것이 씨알이 되어 아상을 넘어 인상·중생상·수자상으로 나아가게 된다. 그래서 인욕 바라밀이라고도 한다.

解義

단멸상斷滅相이란 삼라만상의 실체가 없어 일체무상一切無常함을 말한다. 흔히 단멸상을 설명할 때, 「존재하는 모든 것들은 세월이 흐르면서 결국은 소멸될 것인즉 일체가 空이다」라는 식으로 풀이하기도 한다.

그런데 이런 식의 발상은 지극히 불법에 배치된다. 일체의 相은 과거·현재·미래에 관계없이 그 자체로 실체가 없기 때문이다. 우리가 有라고 생각하는 色의 세계는 있는 것처럼 보일 뿐 실상은 어디에도 있지 않다. 다시 말해 有라는 것 자체가 성립되지 않고, 그래서 모든 것이 무상無常하고 단멸斷滅의 相이다. 이런 까닭에 이 세상은 알고 보면 실존實存을 깜빡 잊어 일어난 한바탕의 꿈에 불과하게 된다.

꿈에 강도에게 쫓겨 도망가다가 앞을 가로막은 강 때문에 전전긍긍하다가 깨었을 경우를 가정해 보자. 깸과 동시에 강을 건너야 할 문제가 해결되었다. 정확히 말하면 해결된 것이 아니라 문제 자체가 없어져 버렸다. 더 정확히 말하면 없어진 것이 아니라 본래 문제라는 것이 존재하지 않았다. 이렇게 잠을 깨서 꿈이라는 문제 자체가 성립되지 않게 하는 것이 여러 문제를 하나하나 해결하는 것보다 완전한 길이다. 그러므로 꿈 깨는 길, 즉 깨닫는 길을 가라고 권하는 것이다.

잠들어 있는 상대相對는 꿈에서 깨기 위해 있는 것이요[應無所住], 깨어 있는 절대絕對는 다시 꿈을 꾸기 위해 존재한다[而生其心]. 상대와 절대가 구분 없이 둥글어 가는 모습이 실존이다. 그래서 알고 보면 허상에 빠져 괴로움을 달고 사는 중생 또한 실존의 한 모습이다. 다만 이러한 사실을 까맣게 모르기에 피안의 절대를 간절히 동경하고 있을 뿐이다.

악몽은 그것이 꿈인 줄 알면 사라진다. 마찬가지로 중생살이의 고통도 깨어나 환상이었음을 알면 사라진다. 생로병사에 대한 두려움도 자신이 영존永存하는 실존임을 알면 사라진다. 그래서 깨고 보면 모든 것이 즐거움뿐이다. 모든 성인들이 한결같이 깨어나라고 외치는 이유가 여기에 있다.

요컨대 깨면 초월이요, 잠들면 얽힘이다. 얽힘에서 모든 문제가 발생했으니 해결의 길은 오직 하나 깨어나는 길뿐이다. 깨어 나서 존재 가치를 영원히 이어 나가는 자를 여래如來라 하고, 모든 중생들이 그렇게 되기를 바라는 마음에서 세존의 법문은 거듭된다.

제23장

非有非無分
– 있는 것도 아니고 없는 것도 아니다 –

須菩提 若善男子善女人 以三千大千世界 碎爲微塵 於意云何 是微塵衆 寧爲多不 須菩提言 甚多 世尊 何以故 若是微塵衆 實有者 佛即不說是微塵衆 所以者何 佛說微塵衆 即非微塵衆 是名微塵衆 世尊 如來所說三千大千世界 即非世界 是名世界[1] 何以故 若世界 實有者 即是一合相[2] 如來說一合相 即非一合相 是名一合相 須菩提 一合相者 即是不可說 但凡夫之人 貪着其事 須菩提 若人言佛說我見人見衆生見壽者見[3] 須菩提於意云何 是人 解我所說義不不也 世尊 是人 不解如來所說義 何以故 世尊 說我見人見衆生見壽者見 即非我見人見衆生見壽者見 是名我見人見衆生見壽者見 須菩提 發阿耨多羅三藐三菩提心者 於一切法 應如是知 如是見 如是信解 不生法相須菩提 所言法相者 如來說即非法相 是名法相

"수보리 네 생각은 어떠한가? 만일 선남자 선녀인이 삼천대천세계를 잘게 부수어 티끌을 만든다면, 이렇게 만들어진 티끌이 많지 않겠느냐?"

수보리가 대답하였다.

"심히 많나이다. 세존이시여. 그런데 만일 티끌의 실체가 있는 것이라면 부처님께서 티끌이라고 설하지 않았을 것이옵니다. 왜냐하면 부처님께서 말씀하신 티끌이란 사실상 티끌이 아니라 그저 이름만 티끌이기 때문이옵니다.

세존이시여, 여래께서 설하신 삼천대천세계 역시 세계가 아니고 그저 이름이 세계일 뿐이옵니다. 왜 그런가 하면, 만일 세계란 것이 실제로 존재하는 것이라면, 이것은 곧 하나에서 나와 합성된 것일진대, 여래께서 설하신 일합상—合相이란 것은 – 그렇게 하나에서 비롯해 삼라만상이 합성된 것이 아니라 – 그저 이름만 일합상이기 때문이옵니다."

"수보리야 일합상一合相이란 것은 말로써 할 수 없는 것이거늘, 단지 범부
들이 이것에 집착하여 생각을 짜내는 것이니라.

수보리야, 어떤 사람이 「부처는 아상·인상·중생상·수자상으로 본다」고 말
한다면, 그가 내가 말한 바의 뜻을 이해하고 있다고 생각하느냐?"

"세존이시여, 그 사람은 여래께서 설하신 바의 뜻을 이해하고 있지 않나이
다. 왜 그런가 하면 세존께서 말씀하신 「아상·인상·중생상·수자상으로 본
다」는 것은 바로 「아상·인상·중생상·수자상으로 본다」는 것이 아니라 그
이름이 「아상·인상·중생상·수자상으로 본다」는 것이기 때문이옵니다."

"수보리야, 무상의 깨달음에 대해 발원한 자는 일체의 법에 대해 마땅히 이
처럼 알고 이처럼 보고 이처럼 이해해서 믿어야 하며, 심지어 법상法相을 내서
도 안 되느니라. 수보리야, 소위 말하는 법상이란 것은 여래가 설한즉 법상이
아니며, 그 이름만 법상인 것이니라."

註1. 즉비세계 시명세계/卽非世界 是名世界 : 세계가 실제로 존재하지 않는다는 뜻이다. 이 부분을 설명하는 데에 흔히 가유(假有)를 쓰기도 한다. 가유란 본래부터 있는 것이 아니라 인연에 의지하여 잠시 있는 것이라는 뜻이다. 다시 말해 인연에 따라 머무르다 금세 사라지기에 실유(實有)가 아니라는 말이다. 그런데 이런 생각은 세존의 깊은 가르침을 이해하지 못한 것이다. 有는 찰나도 존재한 적이 없다. 세월이 흐르면서 소멸되는 것이 아니라 존재 자체가 애초부터 없었다. 그래서 가유(假有)이다. 더 정확히 표현하면 환유(幻有)이다. 있는 것처럼 보이지만 실제로는 있지 않은 것, 이것이 삼라만상이 존재하는 방식이다.

註2. 일합상/一合相 : 일합상이란 하나에서 둘, 셋…이 나와 천지가 만들어졌다는 생각이다. 다시 말해 천지창조의 모태가 있다는 생각인데, 각자(覺者)의 입장에서 보면 삼라만상 모든 것이 실체가 없기에 창조된 것이 없다. 부처의 본래 모습 그대로 아무런 이유도 원인도 없이 영존하고 있을 뿐이다. 여기에 중생들이 시간과 공간의 잣대를 들이대어 나누기에 시작과 끝이 생겨난 것이다. 『천부경』에 나오는 일시무시일(一始無始一) 일종무종일(一終無終一)과 같은 맥락이다.

註3. 아견인견중생견수자견/我見人見衆生見壽者見 : 여기서 쓰인 見이란 '인식의 방향성'을 말한다. 흔히 아견(我見)을 '나라는 소견', 인견(人見)을 '남이라는 소견', 중생견(衆生見)을 '중생이라는 소견', 수자견(壽者見)을 '오래 산다는 소견'으로 각각 해석하기도 한다. 『금강』 전편에 근간을 이루는 것이 바로 아상·인상·중생상·수자상이다. 왜냐하면 『금강경』은 중생의 인식을 부처의 인식으로 바꾸는 구조로 되어 있기 때문에 아상·인상·중생상·수자상을 바로 이해하지 못하면 아쉽지만 『금강경』의 대부분을 풀어 낼 수 없다. 아견·인견·중생견·수자견에 대한 해석은 분분하지만 다음과 같이 정리할 수 있다.

* 아견 – 아상(我相)인 나 위주로 보는 인식

* 인견 – 인상(人相)인 나와 남을 같은 선상에서 보는 인식

* 중생견 – 중생상(衆生上)인 깨달은 자와 깨닫지 못한 자로 나누어 보는 인식

* 수자견 – 수자상(壽者相)인 일체를 시공의 점멸로 보는 인식

달음을 인식하는 일체의 생각'이란 뜻으로 쓰였다. 자신이 깨달아 부처가 됐다는 생각 자체
도 분별이며, 그렇기에 중생을 제도한다는 생각이 나서는 온전한 대각(大覺)이라 할 수 없다.

解義

천지창조의 근원에 대해 두 가지 의견이 있다. 첫째는 有(하나)에서 비롯됐다
는 것이고, 둘째는 無에서 비롯됐다는 것이다. 그런데 엄밀히 따지면 이 두 가
지 다 모순을 안고 있다. 無에서는 그 어떤 것도 생겨날 수 없다. 그렇기에 無
는 천지창조의 모태가 될 수 없다. 또한 有는 무엇을 막론하고 원인 없이 스
스로 존재할 수 없다. 뭔가를 만들기 위해서는 반드시 어떤 원인자를 수반해
야 하고, 그렇기에 有는 그 자체로 피조물이 되고 마는 모순을 안게 된다.

불교에서는 有와 無의 존재를 부정한다. 有와 無로 가르면서 일체의 분별이
시작됐고, 소위 말하는 중생이란 것도 생겨났다. 그래서 불교의 수행은 有·
無와의 한판 씨름이다. 有·無를 갈라서 보느냐, 아니면 有·無를 일체로 인식
하느냐에 따라 깨달음의 성패는 나뉜다. 후자를 좀 더 분명하게 하기 위해
등장한 것이 바로 空이다.

그렇다면 空으로 본다는 것은 구체적으로 어떤 것인가?

그것은 만물을 有가 아닌 비유비무非有非無한 실존으로 보는 것이다. 그런
데 부처가 설하는 空은 단지 실존으로만 보는 것을 뜻하지는 않는다. 실존
에 집착하는 순간 그것은 실존이 아니기 때문이다. 그래서 불법에 따라 수행
하고 어느 경지에 도달해서는 불법마저 버리라고 한다.

그런데 어떻게 불법을 버릴 수 있을까?

이것은 버린다고 해서 버려지는 것이 아니다. 버려질 수 있다면 세상에 부처 아닌 이가 없을 것이다. 불법을 통해 일체의 분별로부터 초월해서 어느 정도 마음의 평안을 얻을 수 있다. 하지만 여기서 더 나아가 불법마저 버림으로써 해탈의 경지를 이룬다는 것은 결코 쉬운 일이 아니다. 뭇 수행자들이 바로 이 대목에서 걸려 한계를 여실히 드러내 오지 않았던가.

그렇다면 어떻게 해야 일체의 걸림이 없는 대자유를 증득證得할 수 있을까?

우선 일반적으로 널리 행해지는 수행에 대해 알아보자. 불교의 수행이란 고苦·집集·멸滅·도道에 맞춰 그 특성이 분화되어 있다. 그래서 아무거나 기분 내키는 대로 취하는 것은 금물이다.

고법(苦法)	시공時空의 한계를 통감하고 그 해법을 갈구하고 발원
집법(集法)	분별심을 근원적으로 없애기 위해 외계와 장막을 치고 내면에 집중
멸법(滅法)	생각을 도구로 써서 외계와 순수공명을 이루고자 정관正觀을 닦음
도법(道法)	무상의 반야를 증득하여 실존에 의문이 없는 전지全知의 경지를 추구

먼저 이제 갓 시공時空의 한계를 느껴 그것으로부터 벗어나고픈 마음이 생겼다면 고법苦法의 단계이다. 이때 주로 사마타奢摩他 수행을 많이 하게 된다. 고苦로 넘쳐나는 주변 환경으로부터 벗어나 승려가 된다든지, 아니면 산속 깊은 곳에 은거하며 외계와 장막을 친다.

이런 여건이 되지 못해도 최대한 분별을 부추기는 환경적 요인을 멀리하고 내면을 들여다본다. 시공을 뛰어넘기 위한 해법을 마음의 절대성에서 찾아 그것을 깨닫기 위한 정진을 지속해 나가게 되는 것이다. – 이 과정에 정신 집중을 위해 염불이나 진언 공부를 겸하기도 한다. –

사마타는 초반 스타트와 그 진전이 제법 빠른 것이 장점이다. 하지만 중반으로 가면서 그 공효가 정체되면서 수행의 한계에 걸리기 십상이다. 어쨌든 사마타로 그쯤 수행했으면 집법集法은 어느 정도 마무리가 됐을 것이다. 멸법을 목전에 두고 있을 터, 거기에 걸맞은 수행법으로 바꿔 줄 필요가 있다. 바로 위빠사나(Vipassana)이다. 물론 위빠사나를 첫 시작부터 해도 된다. 다만 수행이란 장거리 경주이기 때문에 사마타와 같은 강력한 발원이 필요한 점이 있다.

사마타에서는 분별을 적으로 규정하고 그것으로부터 벗어나기 위한 전쟁을 끊임없이 했지만, 위빠사나는 분별을 타파해야 할 적으로 여기지 않는다. 분별과 선을 그어 봤자 더 큰 분별만 가중되기에, 위빠사나에서는 분별을 안고 함께 나아가게 된다. 순수공명을 통해 분별과의 장벽을 허물고 주객의 일체를 도모한다.

아무튼 삼라만상은 有도 無도 아닌, 空이라는 사실을 깨닫게 되면 위빠사나 수행은 얼추 마무리를 짓게 된다. 피아의 경계가 모호해져 하나의 생명으로 다가온다면 중생의 성정이 상당수 떨어져 나갔을 것이다. 이쯤 되면 위빠사나와 더불어 묵조선默照禪을 병행하는 것이 좋다.

묵조선은 사마타나 위빠사나를 비롯한 일체의 수행에 대한 생각 자체도 버리고 그저 묵묵히 내면의 선정을 즐기는 것이다. 空에 대한 어느 정도의 이해를 수반한 상태에서 묵조선은 그 빛을 발휘한다. 마치 맹물 같고 바람 같아 무색무취한 수행이지만 반복되는 선정禪定을 통해 공화空化되는 정도를 더욱 깊게 할 수 있다.

이제 물아일체라는 말은 일상이 되고, 더 이상 피아의 구분이 마음의 짐으로 다가오지 않게 되었다. 이쯤 되면 해탈하여 부처가 된 게 아닌가 싶기도 할 것이다. 견성이야 이미 空을 깨달으면서 이루었고 말이다. 바로 이 대목이 도법道法의 단계이며, 여기서 수행승들은 또 다른 한계에 직면하게 된다. 바로 자신이 이룬 경지에 대한 확고한 답을 필요로 하는 것이다.

이때 등장하는 것이 바로 간화선看話禪이다. 간화선이란 실존에 대한 화두를 잡고 그 답을 구하는 수행이다. 쉽게 말해, 머릿속에 실존에 대한 의문이

하나도 남아 있지 않게 됨으로써 대각을 증명하는 것이다. 자신의 경지가 어느 정도인지, 견성성불은 한 건지 안 한 건지, 아니면 이 모든 관념들이 아상我相에서 비롯한 자신만의 착각인지…, 뜨뜻미지근한 답을 지양하고 확고부동한 결론을 내리는 과정이다. 이는 아뇩다라삼먁삼보리를 이루어 의심에 걸림이 없는 각성覺醒을 이루고자 함이며, 그렇기에 불교 수행의 화룡점정이라 가히 말할 수 있다.

 하지만 간화선에도 빠지기 쉬운 함정은 숱하게 많다. 그 가운데 두드러진 것은 실존이 아닌 것을 화두로 삼는 행위이다. 더 나아가 비논리적 선문답을 주고받음으로써 간화선이 지닌 절대적 논리성과 역행하는 행위이다. 이런 미혹된 점만 주의해서 간화선의 본래 목적인 전지全知를 향해 나아간다면 충분히 그 성과를 기할 수 있을 것이다.

 요행히 간화선을 통해 실존의 비밀을 풀었다면 그때부터는 의식하지 않더라도 무사선無事禪이란 것이 저절로 이루어진다. 무사선은 수행이라기 보다는 그저 대각을 이룬 뒤에 찾아오는 무사하고 평범한 삶을 사사무애事事無礙의 관점에서 풀어 놓은 것이다.

 수행에 대한 이해가 부족하여 한때 돈오頓悟 뒤에 점수漸修냐 돈수頓修냐를 가지고 적잖은 논쟁이 붙기도 했지만, 사실 돈오돈수頓悟頓修·돈오점수頓悟漸修가 중요한 게 아니라 제대로 돈오가 됐냐는 것이다. 돈오가 사실이라면 뒤에 따라 붙는 수식어는 이생기심而生其心에서 발생하는 방편이니 크게 신경 쓰지 않아도 된다. 깨달은 뒤에 달마처럼 고고한 경계를 두드리든, 원효처럼 저속한 경계를 넘나들든, 그건 상대계라는 캔버스 위에 분별의 붓질이 남긴 표현의 차이일 뿐이다.

 이렇게 간략히 불교 수행을 고·집·멸·도의 과정에 맞춰 거론했지만, 불교 자체가 일체 무애無礙하듯 수행 역시 정해진 교과서는 딱히 없다. 통계적으로 그러하다는 것이지 수행자의 특성과 주어진 여건에 따라 수행법의 종류와 순차는 얼마든지 바뀔 수 있다.

 아무튼 무슨 수행을 어떻게 해 나가든지 종국엔 불법마저 뛰어넘어야 한다는 것이 세존의 거듭된 지론이다. 그래서 불교는 온전한 해탈의 도이다.

佛法의 구조					
四法	四相	四觀	四界	四修	槪要
고법	아상	사법계관	수다원	금강발원/사마타	원력을 세우고 아상을 지움
집법	인상	이법계관	사다함	사마타/위빠사나	분별을 그치고 외계와의 순수 공명
멸법	중생상	이사무애법계관	아나함	위빠사나/묵조선	일체의 법을 내려 놓고 응무소주
도법	수자상	사사무애법계관	아라한	묵조선/간화선	실존에 대한 全知를 통해 무상정등각
* 이상은 法이 지닌 특성에 따른 기본적인 분류이며, 수행자의 근기나 성향에 따라 상기 수행의 순차와 비중은 얼마든지 바뀔 수 있고, 또한 정혜쌍수(定慧雙修)에 입각해 여러 수행을 동시에 해 나갈 수 있다.					

제24장

無所說經分

— 부처는 이 경에 대해 설한 바가 없다 —

須菩提 若有人 以滿無量阿僧祇世界 七寶持用布施 若有善男子善女人 發菩薩心者持於此經 乃至四句偈等 受持讀誦爲人演說 其福勝彼 云何爲人演說 不取於相如如[1]不動 何以故 一切有爲法 如夢幻泡影 如露亦如電 應作如是觀 佛說是經已 長老須菩提 及諸比丘比丘尼 優婆塞[2]優婆尼[3] 一切世間 天人阿修羅聞 佛所說 皆大歡喜 信受奉行

부처님께서 말씀하셨다.

"수보리야, 만일 어떤 사람이 무한히 많은 세상을 칠보로써 가득 채워 보시하더라도, 어떤 선남자 선녀인이 깨달음에 대한 발원으로 이 경經을 지니거나, 사구게 정도만 간직하여 독송하고 때론 남을 위해 전해 주는 것에 비해 그 공덕이 크지 않느니라. 남을 위해 어떻게 일러 줄 것인가 하면, 상相에 집착하지 말고 늘 한결같아 외계의 정보에 휘둘리지 않게끔 하면 되느니라.

왜 그런가 하면, 일체의 법이란 것은 꿈과 같고 환영과 같고 물거품과 같고 그림자와 같으며, 또한 이슬과 같고 번개와 같으니 마땅히 이와 같이 — 제법무상諸法無常으로 — 관觀해야 하느니라."

부처님께서 이 경經에 대해 설하심을 마치셨다. 이에 장로 수보리와 여러 비구·비구니, 우바새·우바이와 일체 모든 세상의 천인과 아수라들이 부처님이 설하신 법문을 듣고는 모두들 매우 기뻐하면서 믿고 받들어 따랐다.

註1. 여여/如如 : 한결같아 변함이 없음. 진여(眞如)와 함께하는 삶이나 존재 방식을 말한다.

註2. 우바새/優婆塞 : 원어 우파사카(upasaka)의 음역. 출가하지 않고 속가에서 부처님의 가르침에 따라 수행하는 남자를 일컫는다.

註3. 우바이/優婆尼 : 원어 우파시카(upasika)의 음역. 출가하지 않고 속가에서 부처님의 가르침에 따라 수행하는 여자를 일컫는다.

解義

　나를 가치 있게 하는 지혜를 불교에서는 반야般若라 한다. 반야란 어떤 것이 나에게 유리한지를 바로 아는 견식을 말한다. 따라서 반야는 나를 이롭게 하는 방향으로 인도하게 된다. 그 방향이 바로 깨달음이다.

　깨달음이란 피조물이 지닌 시공時空의 한계에서 벗어나 실존화實存化하는 것이다. 쉽게 말해 피조물에서 조물주로 거듭나는 일이다. 세상에 이것만큼 이롭고 가치 있는 것이 있을까?

　흔히들 실속을 차리라는 말을 하는데, 진짜 실속은 깨달음의 길을 가는 것 외에는 없다. 돈을 산더미처럼 쌓아 놓고 살든, 무소불위의 권력을 휘두르며 살든 깨달음의 길을 걷지 않으면 그 결말은 허무할 뿐이다. 시간과 공간[32]의 압박에서 오는 두려움에 떨다 물거품처럼 허망하게 사라지거나, 어쩌다 종교라는 진통제를 맞고 괴로움을 일순 견뎌낸다 해도 약효가 빠진 뒤에 찾아오는 더 큰 고통에 신음하다 비참한 최후를 맞이하게 될 것이다.

地始生於何 天終止於何
地鞏一息破 天廣一乍散
人生如塵滅 問依歸於何
땅은 어디서 시작하고, 하늘은 어디서 끝나는가.
땅이 단단한들 숨 한번 쉬면 꺼지고
하늘이 드넓은들 눈 한번 감으면 흩어지는 것을….
인생이란 먼지가 사라지는 것과 같으니
어디에 의지해 돌아가야 하는가!

깨달아 온전한 상태가 되는 것보다 소중한 가치는 존재하지 않는다. 깨달음, 그것을 구하고 또 구하다 보면 그것이 원인이 되어 그에 따른 인과因果를 불러올 것이다. 시간의 추이와 상황의 변화에도 흔들리지 않는 금강발원金剛發願을 세운다면 기필코 인과에 의해 깨달음이 일어나리라.

그런데 그 깨달음이란 것은 실체가 없다. 왜냐? 실존이란 것이 有도 아니고 그렇다고 無도 아닌 空으로 되어 있기 때문이다. 그렇기에 空을 가르치는 불법의 실체 역시 없다. 세존은 귀중한 시간을 쪼개 경經을 설했지만 法의 실체가 없는 까닭에 설한 바가 없다. 그래서『금강경』이 이렇게 책으로 엮어져 있지만 그 실상은 있는 것도 아니고 없는 것도 아닌 空일 뿐이다.

『금강경』은 중생들의 인식을 空으로 바꾸기 위한 가르침이다. 그래서 모든 것을 부정한다. 중생들이 지닌 相에서부터 시작하여 일체 만유萬有를 모조리 부순다. 여기서 멈추지 않고 부처가 지닌 32相, 설법에 대한 相, 중생 제도에 관한 相, 보시에 관한 相, 인욕바라밀에 관한 相, 法이 있다는 相, 법이 없다는 相, 여래에 대한 相… 등등 모든 것을 부수고 또 부수어 텅 빈 空으로 유도한다.『금강경』은 이런 식으로 존재하는 모든 것과 그것으로 인해 파생된 일체의 관념을 뛰어넘어 해탈할 것을 가르친다. 그래서『금강경』은 그 자체로 空이다.

後記

『금강경』이라 하면 기독교의 바이블에 필적할 만한 불교의 중심 경전이다. 그래서 부처님을 떠받들 듯 본 경전을 우러러 바라본다. 이런 독자들의 심리에 맞춰서『금강경』해설을 간단히 해보았다. 그런데 이제 진실을 한마디 하고 끝을 맺어야 하겠다.

『금강경』이 경전으로서 잘 갖춰져 있는 것인가?

『금강경』엔 응무소주應無所住의 관점에서 붓다나 불법, 경전 등에 집착하지 말면서 생각을 내라而生其心는 중심 가르침이 있다. 시종일관 이 얘기만 반복하다가 중간에『금강경』을 주변에 알리라는 광고가 몇 차례 삽입되어 있다. 한 페이지면 끝날 일반적인 얘기를 반복해서 길게 늘어 놓고 있는 것이다.

수행자들은 '응무소주 이생기심'에 깨달음의 비밀이 숨어 있는 것으로 믿고 읽고 쓰고 외우며 사색한다. 그런데 만일 먼 미래에 인류 모두가 붓다가 되어 살아가는 시대가 되어『금강경』을 되돌아보면 어떨까? 그때도 훌륭한 진리의 가르침으로서 남아 있게 될까?

불교 신자들에겐 대단히 모욕적인 말이겠지만, 역사를 되돌아 보면 인류의 태동기부터 진리라고 굳게 믿던 것들은 계속해서 허물어져 왔다. 우리가 믿고 있는 진리는 고정불변의 것이 아니라 지금 이 순간에도 변하고 있다. 현생 인류 수준엔『금강경』이 보석처럼 보일지라도 미래의 영성靈性 인류의 눈높이엔 맹구가 쓴 우스갯소리가 될 수 있다. 냉혹한 말 같지만 사실이다.

장님들 세계에선 코끼리를 정교하게 묘사한 글이 경전으로 통할 수 있다. 하지만 눈을 뜬 사람들이 많아지면 그 경전은 일종의 문학이고 예술이 된다.

그렇듯 문명이 지금보다 발달하면 오늘날 우리가 진리라고 떠받드는 경전들은 고대인들의 정신세계를 보여주는 한낱 사료로 전락할 것이다. 그러니 경전을 믿지 말라.『금강경』에 등장하는 세존 역시 이와 같은 말을 반복하지 않던가. 믿을 것이 있다면 오로지 당신의 이성理性뿐이다. 그 이성의 힘을 키우는 것이 진정한 수행이다.

인류의 정신 문명은 당신의 이성에 고스란이 녹아 있다. 그것으로 다음의 화두를 풀어 보아라. 깨달음이란 거룩하고 숭고한 영역이 아니라 '알고 모르고'의 영역이다. 모르고 깨닫는 법은 없으나…

실체 없는『금강경』을 놓고 허공에 바람의 붓질을 해댔으니 뭐 하나 남아 있을 리가 없다. 화두만 남겨 놓고 끝을 맺는다.

제1화두·實存	시간과 공간을 일으킨 최초 原因者, 實存을 찾아라.
제2화두·創造	實存에서 어떻게 삼라만상이 창조되어 지금의 '나'까지 오게 되었나?
제3화두·復歸	'나'를 구성하는 모든 것이 흩어져 소멸되면, 남는 것은 무엇인가?
제4화두·永生	「眞我=佛」을 알았다면, 분별로 이루어진 假我가 영생하는 방법을 찾아라.
제5화두·涅槃	영원한 시간과 무한한 공간을 무대로 한 창조의 理法과 그 의미를 풀어라.

註釋

1). 불교: 깨달은 자가 설한 깨달음의 길.

2). 세존(世尊): 세상 으뜸가는 존귀. 인류사상 첫 번째로 깨달아 부처가 되었고 그 깨달음을 세상에 전해준 공덕을 감안하면 '세존'이란 호칭은 전혀 과하지 않다.

3). 미진한 분절의 구분과 제목: [금강경]은 空을 24 각도에서 언급하며 해탈을 가르치고 있다. 그렇기에 구태여 분절을 나누고 제목을 붙이려면 24장과 그에 따른 주제를 제목으로 삼아야 한다. 그래야만 空에 초점이 모이고 종국엔 해탈로 모든 것을 날려 버릴 수 있는 구조가 된다.

4). 중생: 분별심에 의해 본성[불성]을 깜빡 잊고 있는 존재.

5). 업장(業障): 분별에 집착한 정보가 쌓여 형성된, 본성을 가로막는 무명(無明)의 장막.

6). 공(空): 실존의 비유비무(非有非無)한 성질을 부각하여 표현한 것.

7). 공화(空化): 有와 無에 길들여진 분별심이 줄어들면서 空으로 인식하게 됨.

8). 사상(四相): 중생의 의식이 성장하는 과정에 거치게 되는 네 단계의 경지. '나' 위주로 꽉 짜진 마음이 첫째이고, '남'을 비롯해 외계와 관계로 엮어 볼 줄 아는 마음이 두 번째이고, 깨달음을 잣대로 모든 것의 가치를 매기는 마음이 세 번째이고, 시공을 배경으로 삼아 정보의 이합집산으로 추산하는 마음이 네 번째이다. 이를 차례대로, 아상·인상·중생상·수자상이라 각각 칭한다.

9). 반야(般若): 깨달음에 유용한 지혜, 또는 깨닫는 과정에 얻게 되는 실존에 관한 정보.

10). 무심(無心): 하고자 하는 바의 욕구가 줄어 특징지을 만한 성향이 줄어든 심리상태.

11). 해탈: 法과 非法, 중생과 부처, 무명(無明)과 각성(覺性), 분별과 실존… 등의 일체 관념을 뛰어넘어 어느 것에도 걸림이 없게 된 사사무애(事事無礙)의 경지.

12). 진리: 실존을 올바르게 밝히는 이치, 혹은 깨닫는 데에 도움이 되는 참된 이치.

13). 무명(無明): 분별의 장막에 의해 실존을 망각하게 된 상태.

14). 열반: 창조와 입멸을 영원히 지속하며 변화를 즐기는 경지.

15). 도(道): 깨달음을 향해 나아가는 과정, 또는 깨달아 성취한 실존의 경지.

16). 마음: 정보를 취사(取捨)하고 조합하여 감상하고 평가하는, 분별에 치우쳐진 空

17). 아집(我執): 대상을 피아로 구분함으로써 '나'에 집착하는 성정.

18). 고해(苦海): 시공의 한계에 걸리게 됨으로써 느끼게 되는 한량없는 괴로움.

19). 탁발(托鉢): 아상(我相)을 없애기 위한 수행의 방편으로써 걸식을 행함.

20). 분별(分別): 피조물의 입장에서 떠오르는 생각이나 관념. 有·無가 제각각 존재하는 것으로 착각함으로써 비롯된 중생의 의식 구조.

21). 전지(全知): 실존에 관하여 모르는 것이 하나도 없게 된 깨달음의 경지.

22). 피조물(被造物): 어느 무엇에 의해 만들진 탓에 결국 어느 무엇에 의해 소멸될 수밖에 없는 것.

23). 물질: 실제로 있는 것처럼 보이게끔 정보의 결합이 공고하게 된 상태. 4차원 정보의 폐쇄성이 심화되어 3차원으로 오그라든 상태.

24). 여래(如來): 실존과 잠시도 떨어져 있지 않게 된 부처의 모습.

25). 영생(永生): 소멸되어 사라질 것이 없게 된 자존(自存)의 상태.

26). 방편(方便): 주어진 조건에 따라 교법(敎法)을 달리하여 효용을 올리는 행위.

27). 상대(相對): 有와 無로 나누어 인식하는 분별, 또는 그런 세상.

28). 절대(絕對): 有와 無에 대한 분별이 그치고 空으로 인식, 또는 그런 세상.

29). 정보(情報): 모종의 방향성을 지니고 있는 有力.

30). 시간: 인식의 편리를 위해 변화에 순차를 정한 것.

31). 환유(幻有): 정보가 고정되어 마치 있는 것처럼 착시를 일으키는 현상.

32). 공간: 空에서 有力이 활동하는 범위

붓다의 無上正等覺

中道論

檀喬 金俊傑 著

k-books

현대 물리학에서 알려주는 깨달음의 세계

나는 누구인가?

김준걸 著

k-books